VIDA

PAPA FRANCISCO
Con Fabio Marchese Ragona
Traducción de Ana Romeral Moreno

VIDA

Mi historia a través de la Historia

HarperCollins *Español*

Los libros de HarperCollins Español pueden ser adquiridos con fines educativos, empresariales o promocionales. Para más información, envíe un correo electrónico a SPsales@harpercollins.com.

Publicado originalmente en italiano en 2024 bajo el título: *Life: La mia storia nella Storia* by Papa Francesco Bergoglio with Fabio Marchese Ragona.

Publicado en colaboración con Delia Agenzia Litteraria

PRIMERA EDICIÓN DE HARPERCOLLINS ESPAÑOL

Traducción: Ana Romeral Moreno

Diseño adaptado de la edición en italiano / Netphilo Publishing, Milano

Este libro ha sido debidamente catalogado en la Biblioteca del Congreso de los Estados Unidos.

ISBN 978-0-06-338856-7

24 25 26 27 28 LBC 5 4 3 2 1

CONTENIDO

VIDA

INTRODUCCIÓN

Aprendamos de la historia, sobre todo de sus páginas negras, para no volver a cometer los errores del pasado. El papa Francisco ha repetido este llamado numerosas veces en los últimos tiempos, destacando el gran papel que desempeña la memoria en la vida de todo ser humano, al punto de ser su marco más preciado. Debemos aprender historia estudiándola en los libros, por supuesto, pero también de la voz de aquellas personas que vivieron momentos inolvidables, para bien o para mal; de quienes tuvieron una larga vida; de quienes encontraron al Señor en innumerables sucesos de su existencia y pueden dar testimonio de lo que vieron.

En el libro del Éxodo, capítulo 10, versículo 2, Dios invita a Moisés a realizar señales y prodigios delante del faraón «para que puedas contarlo y fijarlo en la memoria». El objetivo, naturalmente, es sorprender y convencer al rey de Egipto, pero también cultivar la memoria de su pueblo, al transmitirle su conocimiento de Dios, que el creyente revele al narrar su propia vida.

Con esto, aquellos que cuentan una historia prestarán un servicio a quienes tienen sed de conocimiento y advertirán, sobre todo a las personas más jóvenes, de lo que podría esperarles a lo largo del camino: contar lo que fue para entender mejor lo que será.

No es casualidad que, en su mensaje para la Jornada Mundial de las Comunicaciones Sociales de 2020, el papa destacara que los humanos somos seres narradores, que «desde la infancia tenemos hambre de historias como tenemos hambre de alimentos. Ya sea en forma de cuentos, de novelas, de películas, de canciones, de noticias..., las historias influyen en nuestra vida, aunque no seamos conscientes de ello».

El libro que tienen en sus manos nace precisamente con la intención de contar la historia mediante una historia: los hechos más importantes del siglo XX y de los primeros años del XXI en la voz de un testigo especial, el papa Francisco, que con gran amabilidad ha aceptado hacer un recorrido por su vida a través de acontecimientos que han marcado a la humanidad.

Vida vio la luz tras una serie de conversaciones entre el pontífice, a quien dedico mi mayor y más sentido agradecimiento por la confianza que, una vez más, ha depositado en mi persona, y quien escribe. En estos diálogos, Francisco abrió su corazón y sus recuerdos para enviar un mensaje contundente acerca de temas fundamentales como la fe, la familia, la pobreza, el diálogo interreligioso, el deporte, el progreso científico y la paz, entre muchos otros. Desde el estallido de la Segunda Guerra Mundial en 1939, cuando el futuro pontífice tenía casi tres años, hasta nuestros días, Jorge Mario Bergoglio lleva de la mano a sus lectoras y lectores, y los acompaña con sus recuerdos en un viaje extraordinario a través de varias décadas para repasar las etapas más significativas de nuestro tiempo.

¿Dónde se encontraba el joven Jorge en 1969 mientras el mundo seguía la crónica de la llegada a la Luna? ¿Qué estaba haciendo el cardenal Bergoglio cuando, en 2001, los Estados Unidos sufrieron el ataque terrorista al World Trade Center?

Desde su mirada personal, el pontífice recuerda los años del Holocausto, el bombardeo atómico sobre Hiroshima y Nagasaki, el golpe de Videla en Argentina, la caída del Muro de Berlín, la gran recesión económica, la dimisión del papa Benedicto XVI... Estos acontecimientos se entrecruzan con la vida del «papa callejero», quien, de manera excepcional, abre el baúl de sus recuerdos y, con la sinceridad que lo caracteriza, relata aquellos momentos que cambiaron el mundo y su vida.

La voz del pontífice se alterna con la de un narrador que en cada capítulo reconstruye con detalle fragmentos de la vida cotidiana del futuro papa Francisco, con el fin de contextualizar sus palabras y describir el escenario histórico en el cual estas se integran.

«Nuestra vida es el "libro" más valioso que se nos ha entregado», dijo el pontífice durante un ciclo de catequesis que tuvo lugar en 2022, dedicado al tema del discernimiento. «Un libro que muchos lamentablemente no leen, o lo hacen demasiado tarde, antes de morir. Y, sin embargo, precisamente en ese libro se encuentra lo que se busca inútilmente por otras vías. [...] Podemos preguntarnos: ¿yo he contado mi vida a alguien alguna vez? [...] Se trata de una de las formas de comunicación más hermosas e íntimas, contar la propia vida. Eso permite descubrir cosas desconocidas hasta ese momento, pequeñas y sencillas, pero, como dice el Evangelio, es precisamente de las cosas pequeñas que nacen las cosas grandes».

Y así, hojeando de nuevo las páginas de ese preciado libro que es la vida, el papa Francisco nos conducirá por un sendero de emociones, alegrías y penas; una ventana al pasado que nos permitirá conocer mejor nuestro presente. Hasta el último capítulo, con una historia que está aún por escribirse.

Fabio Marchese Ragona

I

EL INICIO DE LA
SEGUNDA GUERRA MUNDIAL

La radio emite, como todas las mañanas, el boletín con las últimas noticias. Mario Bergoglio tiene la costumbre de encenderla antes de irse a trabajar, mientras prepara el café en la pequeña cocina. El suelo sigue algo húmedo; su mujer, Regina, pasó el trapo de piso aprovechando un pequeño momento de tranquilidad. El aroma y el sabor de esa bebida oscura y humeante hacen que Mario se acuerde de Italia y de su infancia en Portacomaro, cerca de Asti; algo similar a lo que le pasaba a Marcel Proust en *Por el camino de Swann*, quien al mojar una magdalena en el té recordaba su infancia junto a la tía Léonie. Aquel recuerdo de Mario, tan íntimo como nostálgico, se ve perturbado por el llanto del pequeño Óscar, su segundo hijo, que no le da tregua al barrio entero.

En el noticiero de las siete, como ruido de fondo, se escuchan sobre todo noticias de política; hay una nueva declaración del presidente Roberto Ortiz relacionada con la Comisión Especial Investigadora de Actividades Antiargentinas, que se creará en aquellos años con el objetivo de «desnazificar» el país; durante el día se esperan nuevos altercados con el movimiento obrero, organizados por la Confederación

General del Trabajo. En aquel septiembre de 1939, en las principales ciudades de Argentina se viven sentimientos enfrentados: el Tercer Reich ha logrado infiltrarse en algunos grupúsculos de la sociedad, incluso en algunas emisoras de radio, y, a veces, difunden mensajes que celebran la grandeza de la Alemania de Adolf Hitler.

Tras beberse rápidamente el café y antes de salir de aquella casita colorada, el nido familiar construido en el número 531 de la calle Membrillar en el barrio de Flores, Mario se despide con un beso de su Regina que, entre tanto, ha tomado en brazos al pequeño de un año y ocho meses para tranquilizarlo. El otro niño de la joven pareja, Jorge, de casi tres años, está listo para salir; en unos minutos llegará la abuela Rosa, la madre de Mario, que vive a escasos metros de allí, para llevárselo a su casa, donde el pequeño pasará el día. La escena se repite casi a diario: es una forma de echar una mano a su nuera, presa de las mil tareas del hogar, y, sobre todo, ocupada cuidando a Óscar.

Después de darles también un beso a los chicos y ya cerca de la puerta junto a su mujer, en un raro momento de silencio, de repente Mario se sobresalta por una noticia que dan en la radio, comunicada entre las actualizaciones de política internacional: el primer ministro británico Neville Chamberlain anuncia que su nación está en guerra con la Alemania nazi; su ultimátum, presentado pocas horas antes en respuesta a la invasión y a los bombardeos de Polonia por parte de la Wehrmacht, ha caído en el olvido.

Es el inicio de la Segunda Guerra Mundial. Pero esto, sobre todo en Sudamérica, todavía no se ha notado. Para Argentina es una noticia como cualquier otra difundida casi al final de la transmisión, antes de la pausa musical; sin embargo, en contra de lo que cabría esperar, conmocionó a esta pareja de italoargentinos. Su primer pensamiento se dirige a los primos y demás parientes que viven en Europa, al tiempo que les asalta el recuerdo de las terribles historias que han oído mil veces sobre la Primera Guerra Mundial, en la que el padre de Mario, Giovanni, luchó en el frente. Estos instantes de tristeza y preocupación se desvanecen a los pocos segundos. Dos golpes en la puerta asestados con vigor: ha llegado la abuela Rosa y ese ruido repentino ha hecho que por fin Óscar se calle, para alegría de todos. Al ver entrar a la abuela, Jorge corre hacia ella para que lo alce en brazos.

¡Qué gran mujer, la quería tanto! Rosa, mi abuela paterna, fue una figura fundamental en mi desarrollo y en mi formación. Vivía a menos de cincuenta metros de nuestra casa y me pasaba días enteros con ella. Me dejaba jugar, me cantaba canciones de cuando era joven y, con frecuencia, la oía discutir con el abuelo en piamontés, por lo que tuve el privilegio de conocer y aprender la lengua de sus recuerdos. Si tenía que salir, la acompañaba a casa de las vecinas, con las que charlaba largo y tendido tomando mate, o a hacer los mandados por el barrio. A la noche, me llevaba de vuelta a casa de mamá y de papá, no sin antes haberme hecho rezar mis oraciones. De hecho, fue ella la que me dio el primer anuncio cristiano, la que me enseñó a rezar y la que me habló de esa gran figura que aún no conocía: Jesús. No es casualidad que mis padrinos de bautismo fueran precisamente ella y el abuelo Francesco, mi abuelo materno. El que me bautizó y me administró el primer sacramento fue don Enrico Pozzoli, un buen misionero salesiano, originario de la provincia de Lodi, en Lombardía, que el abuelo Giovanni había conocido en Turín. Fue también él quien casó a mis padres. Papá y mamá se conocieron en el Oratorio Salesiano de Argentina y, desde entonces, don Enrico se convirtió en una figura fundamental para nuestra familia y, más adelante, para mi vocación sacerdotal.

Volviendo a mis ratos con la abuela, en aquel momento yo tenía casi tres años, era realmente chico y por eso no me resulta fácil recordar esos días de 1939, cuando la maldad humana hizo estallar la Segunda Guerra Mundial. Tengo como *flashes* de momentos de nuestro día a día: en casa, la radio era un constante ruido de fondo; la encendía papá desde la mañana y con mamá escuchaban la radio estatal, que en aquella época se llamaba Estación de Radiodifusión del Estado (LRA 1). También estaban Radio Belgrano y Radio Rivadavia, y todas emitían diariamente boletines de noticias sobre el conflicto. Mamá la sintonizaba hasta los sábados a la tarde, a partir de las dos, para hacer que los niños escuchásemos la ópera. Me acuerdo de que, antes de que empezara, nos contaba un poco la trama. Cuando había un aria especialmente hermosa o un momento clave de la historia, intentaba que prestásemos atención. Tengo que reconocer que nos distraíamos seguido, ¡al fin y al cabo éramos chicos! Por ejemplo, durante el *Otelo* de Verdi, mamá nos decía: «Escuchen con atención, ¡ahora mata a Desdémona en la cama!». Y nosotros nos quedábamos callados, curiosos por oír lo que pasaba.

Volviendo al tema de la guerra, en nuestra tierra ese ambiente siniestro no se percibía tanto porque estábamos muy alejados del resto del mundo, donde estaba decidiéndose el destino de la humanidad. Pero puedo decir que, a diferencia de muchos otros argentinos, yo conocí la Segunda Guerra Mundial porque en casa se hablaba de ella; desde Italia llegaban, aunque fuera con un retraso de casi un mes, las cartas «abiertas» de nuestros familiares donde nos contaban lo que estaba pasando. Eran ellos los que nos proporcionaban noticias de la guerra en Europa. Uso la palabra *abiertas* porque el correo era interceptado por las autoridades militares: leían las cartas y luego las volvían a cerrar, y en el sobre estampaban un sello con la palabra *CENSURA*. Recuerdo que mamá, papá y la abuela leían en voz alta estas historias que, por supuesto, se me quedaron grabadas. En una de estas cartas nos comunicaban, por ejemplo, que a la mañana algunas mujeres que ellos conocían del pueblo iban a Bricco Marmorito, no muy lejos de Portacomaro Stazione, para comprobar si estaban llegando tropas; sus maridos no habían ido a la guerra, se habían quedado en Bricco para trabajar y eso, obviamente, no estaba permitido. Si las mujeres se hubieran puesto algo rojo, entonces los hombres habrían tenido que salir corriendo a esconderse. En cambio, la ropa blanca indicaba que no había patrullas en los alrededores y que, por tanto, los hombres podían seguir trabajando.

¡Pero este es solo un ejemplo para que se hagan una idea de cómo se vivía en aquellos años! ¡Cuánta muerte! ¡Cuánta destrucción! ¡Cuántos jóvenes enviados al frente a morir! Y aunque hayan pasado más de ochenta años, nunca debemos olvidar esos momentos que destrozaron la vida de tantas familias inocentes. La guerra te come por dentro; lo ves en los ojos de los más chicos, que ya no tienen alegría en el corazón, solo miedo y lágrimas. ¡Pensemos en los chicos y las chicas! Pensemos en los que no sintieron nunca el olor de la paz, que nacieron en tiempos de guerra y que vivirán con este trauma, llevándolo consigo para el resto de sus vidas. Y nosotros ¿qué podemos hacer por ellos?

Deberíamos preguntárnoslo y preguntarnos cuál es el camino hacia la paz, la vía para garantizarles un futuro a estos chicos.

Yo, que en tiempos de la Segunda Guerra Mundial ya existía y era un nene igual que ellos, tuve suerte porque esta tragedia a la Argentina no llegó como a otras partes. Sí hubo alguna batalla naval, de lo poco que me acuerdo, entre otras cosas, porque cuando fui más mayor mis padres me hablaron de ello; es un episodio que ocurrió justo el día que cumplí tres años. Era el 17 de diciembre de 1939 y en la radio hablaban de un barco de guerra alemán, el *Admiral Graf Spee*, que había sido rodeado y gravemente averiado por los barcos ingleses, cerca de la desembocadura del río de La Plata. A pesar de la orden de Hitler de seguir combatiendo, el comandante Langsdorff decidió junto con sus oficiales hundir su propio acorazado y trasladarse con la tripulación en barco a Buenos Aires. Básicamente, se entregó. Días más tarde, el comandante se suicidó, envuelto en la bandera de la marina alemana que se usaba durante la Primera Guerra Mundial. Por su parte, el resto de los hombres ingresó al país y se los envió a las provincias de Córdoba o de Santa Fe. Conocí al hijo de uno de estos soldados, una buena persona que después se casó y formó una familia en la Argentina.

En definitiva, fue así como conocí la tragedia de la Segunda Guerra Mundial. Tiempo después, cumplidos los diez años, me crucé con ella también gracias al cine; nuestros padres nos llevaban al cine del barrio para ver las películas de la posguerra. Las vi todas. Recuerdo especialmente *Roma, ciudad abierta*, de Roberto Rossellini, con Anna Magnani y Aldo Fabrizi, una obra maestra. Pero también *Paisà* o *Alemania, año cero*, o si no, *Los niños nos miran*, de Vittorio De Sica, de 1943. Son películas que han conformado nuestra conciencia y que nos han ayudado a comprender los efectos devastadores de ese conflicto.

Otra cosa es *La strada*, de Federico Fellini, quizá mi película preferida y que vi ya de más mayor; no tiene nada que ver con la guerra, pero me gusta citarla porque con ella su director supo poner el centro de atención en los más desfavorecidos, como Gelsomina, invitando al espectador a conservar su preciosa mirada sobre la realidad.

Volviendo a la locura de la guerra, cuyo único plan de desarrollo es la destrucción, me hace pensar en la ambición, en la sed de poder, en la codicia del que hace estallar los conflictos. Detrás no solo hay una ideología, que es una falsa justificación; hay un impulso perverso, porque en esos momentos ya no se mira a la cara a nadie: ancianos, niños, madres, padres. En particular, la Segunda Guerra Mundial fue incluso más cruel que la primera, en la que combatió también mi abuelo Giovanni Bergoglio, en el Piave. Y justo él, cuando estaba en casa de los abuelos, contaba un montón de historias realmente dolorosas. Un montón de muertos, un montón de casas destruidas, incluso iglesias. ¡Qué tragedia! Y me contaba que los compañeros en el frente cantaban:

El general Cardona a la reina le escribió:
«Si Trieste quieres ver, una postal te mando yo».
Bom bom bom
retumba cañón...

Pero también me hablaron de la Segunda Guerra Mundial un montón de inmigrantes que llegaron a Buenos Aires huyendo de sus tierras, invadidas por los nazis. A esto estamos a punto de llegar.

Con tan solo tres años, Jorge aún no comprende el drama de ese conflicto mundial. En su inocencia, no entiende el sufrimiento de todas esas familias obligadas a huir para salvar su vida. Pero al pasar los días en casa de los abuelos, escuchando sus discusiones en piamontés, poco a poco se da cuenta de que también ellos, aunque sea por otros motivos, llegaron de un lugar lejano, Italia, donde aún queda una parte de la familia que envía a los primos noticias del transcurso de la guerra.

En efecto, a finales de los años veinte, después de una racha difícil de apuros económicos, Giovanni, con su mujer Rosa y su hijo Mario —ella trabajaba de modista y había colaborado activamente en la Acción Católica; el hijo tenía veinte años, un título de contador y trabajaba en la filial de Asti del Banco de Italia—, había decidido reunirse con tres de sus seis hermanos en Argentina, en la provincia de Entre Ríos. Los Bergoglio habían hecho fortuna gracias a su empresa de pavimentación en Paraná. Sin embargo, el sueño de una vida en el Nuevo Mundo no tardó en desvanecerse. En 1932, la compañía se vio obligada a cerrar a causa de la recesión económica provocada por la gran crisis de 1929. Giovanni, Rosa y el joven Mario, que había trabajado durante tres años como contador en la empresa familiar, tuvieron que trasladarse a Buenos Aires para empezar de cero. Gracias a un pequeño préstamo de dos mil pesos, compraron un negocio en el barrio popular de Flores, donde finalmente consiguieron echar raíces.

El pequeño Jorge suele pedirle a la abuela Rosa que le cuente su larga travesía en el Giulio Cesare, el transatlántico que zarpó de Génova y llegó al puerto de Buenos Aires el 15 de febrero de 1929, tras dos semanas de viaje. Ella se arma de paciencia y, sentada frente a la puerta de casa, describe una vez más su llegada a la capital argentina, ataviada de manera un tanto extraña para el calor del verano austral: viste una capa con cuello de piel de zorro, en cuyo interior lleva cosidos los ahorros de la familia.

Pero en aquel septiembre de 1939, tras enterarse del estallido de la Segunda Guerra Mundial, Rosa no puede dejar de pensar en sus familiares, los Vassallo, que siguen viviendo en Liguria, Italia. Lo mismo le sucede a Giovanni, que desde el negocio intenta contactar de todas las formas posibles a sus seres queridos en Portacomaro. De fondo, el locutor anuncia que también Francia le declaró la guerra a Alemania, confirmando su alianza con el Reino Unido. A pesar de que Italia aún es neutral —recién en junio de 1940 Benito Mussolini anunciará su entrada en la guerra en el bando de Hitler—, la angustia y la ansiedad los atenazan. Rosa se pasa el día cuidando de Jorge, pero charla largo y tendido con sus mejores amigas sobre su «vida anterior» en Italia, recordando a sus familiares y los momentos de despreocupación de la juventud. Entre esas paredes argentinas, la nostalgia parece haber tomado el control. Y su nietecito sigue quieto, hechizado, escuchando a la abuela, por quien siente gran devoción.

La abuela Rosa y el abuelo Giovanni, al igual que papá, tuvieron muchísima suerte. Si sus planes no se hubieran arruinado por una fallida venta inmobiliaria, yo no estaría contando esta historia. El viaje a la Argentina estaba previsto ya para octubre de 1927; el abuelo vendería los terrenos de la familia en Bricco y, con ese dinero, los tres se embarcarían en el *Principessa Mafalda*, en el puerto de Génova. Aunque se trataba de un enorme vapor, que había hecho numerosas travesías transoceánicas, durante aquel viaje a Buenos Aires la ruptura de una hélice hizo que se hundiera frente a las costas de Brasil. Hubo más de trescientos muertos, fue una tragedia terrible. Afortunadamente, los abuelos y papá no estaban a bordo. A pesar de que hacía tiempo que habían puesto en venta los terranos, no había llegado ninguna oferta de compra y, al no contar con el dinero suficiente, muy a su pesar, tuvieron que posponer el viaje pocos días antes de partir. La espera duró hasta febrero de 1929, cuando embarcaron en el *Giulio Cesare*. Tras dos semanas de viaje, llegaron a la Argentina, donde los recibieron en el Hotel de Inmigrantes, un centro de absorción no muy distinto a esos de los que oímos hablar hoy día.

Aunque papá no hablaba nunca en piamontés, quizá porque sentía gran nostalgia por su hogar e inconscientemente se negaba admitirlo, los abuelos lo hacían de manera habitual; por eso puedo decir que el piamontés fue mi lengua materna. Creo que todo inmigrante en su fuero interno se enfrenta a lo mismo que mi padre. ¡Y no es fácil! Nos lo cuenta Homero en la *Odisea*, pero también el poeta piamontés Nino Costa, al que admiro mucho, y que en una de sus obras expresa el deseo de volver que sienten aquellos que no pueden hacerlo. Los inmigrantes llevan consigo una enorme maleta con experiencias e historias que pueden enriquecernos y ayudarnos a crecer. Justamente hablando de la Segunda Guerra Mundial, también escuché relatos de ese conflicto en voz de los inmigrantes polacos en la Argentina. Papá trabajaba a menos de cien metros de casa;

era contador en una gran tintorería industrial donde los clientes importantes mandaban sus telas y tejidos para teñirlos. Poco a poco fueron llegando a la empresa empleados polacos que con sus propios ojos habían visto la guerra, la invasión de las tropas nazis y la muerte de sus seres queridos. Habían conocido ese drama y huyeron a Sudamérica para hacer realidad el sueño de una vida nueva. Cuando iba a buscar a papá al trabajo —tenía ya ocho o nueve años—, alguna vez me quedaba a escuchar sus historias. Eran buenos estos polacos, serían unos diez y tenían un gran corazón. Sus historias eran muy dolorosas, porque hablaban de familias fracturadas, de amigos mandados al frente que nunca más volvieron, de madres que esperaban volver a abrazar a sus «chiquitines de la casa» y que, en cambio, lo único que recibían eran flores por la muerte de sus hijos.

No obstante, he de añadir que, pese a los dramas vividos, esas personas no se habían olvidado de sonreír; de vez en cuando nos llamaban a solas y nos hacían bromas, enseñándonos alguna palabrota en polaco. Recuerdo que una vez uno me dijo: «Andá donde está esa mujer y decile esta palabra...». Obviamente, para mí era una palabra carente de significado, ¡pero en polaco no es que fuera precisamente un cumplido para ella! Así pues, había momentos más relajados, aparte de las historias de la Segunda Guerra Mundial. Pero se veía perfectamente que también ellos llevaban en la mirada la nostalgia típica de quien se vio obligado a dejar su hogar. ¡Una espinita clavada en el corazón! Y cuánta gente, incluso hoy en día, se ve obligada a huir con la esperanza de una nueva vida, como lo hicieron mis abuelos o esos inmigrantes polacos, y no encuentran más que la muerte en el mar o la expulsión en las fronteras. Es, una vez más, la maldad humana la causante de estos dramas. Son los corazones endurecidos de quienes no abrazan el Evangelio que, por el contrario, nos pide que abramos la puerta a quien llama; que abramos de par en par nuestros corazones a quien busca un lugar acogedor, a quien busca una mano tendida para levantar cabeza.

Pensemos en cuántos italianos tuvieron que marcharse, antes o después de la guerra, a Sudamérica o a los Estados Unidos. ¡Pensemos que también muchos de nuestros familiares han sido inmigrantes! Quizá también ellos, en los países donde llegaban, eran considerados «los malos, los peligrosos». Pero lo único que estaban haciendo ahí era buscarles un futuro a sus hijos.

«¿Dónde está tu hermano?», le pregunta el Señor a Caín en el libro del Génesis. Es una pregunta que aún hoy resuena y que nos deja desorientados: no prestamos atención a lo que creó Dios y ya no somos capaces de cuidarnos los unos de los otros. Y cuando esta desorientación contagia al mundo, ocurren tragedias como las que leemos con frecuencia en los diarios. Lo quiero repetir, quiero gritarlo: por favor, recibamos a nuestros hermanos y hermanas que llaman a la puerta. Porque si se los integra correctamente, si se los acompaña y se los protege, podrán hacer una gran contribución a nuestras vidas. Como esos inmigrantes polacos que huyeron de la Segunda Guerra Mundial y que yo conocí de chico, los inmigrantes de hoy son personas que solo buscan un lugar mejor y que, en vez de eso, con frecuencia encuentran la muerte. Demasiadas veces, por desgracia, estos hermanos y hermanas que ansían algo de paz no encuentran acogida ni solidaridad, solo un dedo acusador.

El prejuicio es lo que corrompe el alma, la maldad es lo que mata. Y ese es un callejón sin salida, es una perversión. No olvidemos, por ejemplo, lo que sucedió con nuestras hermanas y hermanos judíos. También, en este caso, son muchos los recuerdos.

II

EL HOLOCAUSTO

«Es un monstruo, no se le puede llamar de otra forma...». Con un gesto enojado, mamá Regina se levanta de repente, abandonando en la mesa su plato de sopa. La cena, al menos para ella, parece haber terminado. Mientras piensa en lo que acaba de contarle su suegra, tira a la pileta de la cocina la olla con la sopa que sobró, salpicándolo todo. Mientras, sigue gritando: «¡Un monstruo!».

Marta, la más chica de la familia, se pone a llorar asustada por el tono de voz de su madre; los dos hermanos mayores, Jorge y Óscar, que en lugar de comer se están batiendo a duelo con un par de cucharas, se detienen, mudos. Jorge mira a su madre con curiosidad mientras papá Mario se levanta para agarrar en brazos a la nena; nunca había visto a su mujer tan indignada. Puede que alguna vez en el pasado, por algún desaire, pero nunca por una noticia como esta, que no le afecta directamente. El ambiente en casa de los Bergoglio no es de los mejores en esa cálida tarde de diciembre de 1941. Tras desahogarse durante unos minutos, de pronto se hace silencio. Ya solo se oye el ruido del agua que corre por la pileta de la cocina, donde se mezcla con las lágrimas de Regina. Y luego, el griterío de algún chico que sigue jugando en la calle, junto al estruendo de un viejo camión medio oxidado que se aleja lentamente llevando a un grupo de obreros del turno de la noche al trabajo, en las afueras del barrio de Flores.

Lo que provocó esa reacción en su nuera fue el relato de la abuela Rosa tras haber recibido esa misma tarde la visita de una vieja amiga que emigró a Argentina de Torino. La señora Margherita Muso Nero —así se llamaba, «hocico negro»— le contó las últimas noticias recibidas desde Italia: muchos de sus familiares huyeron al extranjero tras la promulgación de las leyes raciales de 1938, mientras que otros se quedaron con la esperanza de que, tarde o temprano, esa racha se convertiría en apenas un recuerdo. En su última carta, relatan que se han enterado de que en el extranjero se están llevando a cabo persecuciones que, junto con la construcción de guetos en las grandes ciudades ocupadas por los nazis, están causando miles de muertes. Muchas personas son arrastradas a la fuerza, lejos, para ser llevadas a campos de trabajo. En realidad, está a punto de ejecutarse lo que posteriormente se conocerá como la «solución final»: fusilamientos de comunidades enteras, cámaras de gas móviles y, sobre todo, la deportación a grandes campos de concentración. Auschwitz entró en funcionamiento en 1940, Auschwitz II- Birkenau, en octubre de 1941.

Con los ojos vidriosos, la abuela Rosa escuchó atentamente a su amiga que le hablaba de esos judíos enviados en tren a un destino incierto, subidos a la fuerza en vagones aptos para el transporte de animales, pero no de seres humanos. Cientos de personas hacinadas, unas encima de otras, llevando consigo sus maletas y los recuerdos de una vida. Los chicos arrebatados de sus madres o escondidos en casa de algún vecino; los maridos separados de sus esposas y golpeados con cachiporras en las piernas para que caminasen más rápido.

Tras la visita de su amiga, poco antes de aquella cena a base de *sopa, la abuela llevó a Jorge a casa y se quedó unos minutos para contarles en voz baja a su hijo y a su nuera lo que había dicho la señora Muso Nero. Rosa tiene un carácter sincero, decidido; no quiere que los chicos oigan esas historias tan tristes, así que enciende la radio y sube el volumen más de lo habitual. De repente, las notas de un tango invaden el comedor: Radio El Mundo transmite «Recuerdo», de Osvaldo Pugliese, conocido en Buenos Aires como el «santo patrono de los músicos argentinos». A Jorgito, de casi cinco años, ya parece gustarle. Con esa música de fondo, acompaña la historia dramática de la abuela una banda sonora que carga sus palabras aún más de emoción. El pensamiento de Mario vuela hacia sus amigos judíos y pronuncia esa palabra, «monstruo», que minutos después su mujer repetirá durante la cena.*

En esa época, lo oía mucho en casa: «¡Hitler es un monstruo!». Era durante la cena, en el almuerzo o cuando venía a vernos algún tío o primo. Como es obvio, mamá y papá no se mostraban indiferentes ante lo que sucedía en Europa y, cuando hablaban entre ellos o con la abuela, nombraban también a este personaje. Yo era demasiado chico para entenderlo. Después, cuando crecí un poco, comprendí quién era aquel hombre al que llamaban de esa forma.

En aquella época, papá trabajaba con muchos judíos, con quienes más tarde entabló amistad. Varios clientes de su tintorería pertenecían a esa comunidad; fabricaban hilo y medias, y mandaban ahí las telas para que las tiñeran. De vez en cuando, pasaban por casa a verlo con toda la familia. Por supuesto, salía el tema de la persecución de los judíos, ya que estos señores tenían parientes repartidos por Europa; a algunos, por desgracia, se los habían llevado y no habían vuelto a tener noticias suyas.

Mientras los adultos hablaban de estas cosas, nosotros, los chicos, salíamos a jugar a la pelota o nos íbamos a otra habitación. Lo mismo pasaba cuando estaba en casa de la abuela; su vieja amiga, la señora Margherita Muso Nero, una mujer sencilla, buena persona, que a pesar de tener por lo menos diez años menos que ella iba seguido a verla y le hablaba de sus parientes y de lo que estaban sufriendo.

También en estos casos se nos invitaba a los chicos a que nos fuéramos a otra parte para que aquellas conversaciones no nos impresionaran. Pero de vez en cuando lograba oír alguna palabra, ¡cuántas le dedicó la abuela a Hitler! Y también a quienes, en nuestro país, lo apoyaban. De hecho, en la Argentina, por aquel entonces, había una pequeña parte de la sociedad que era antisemita; obviamente, no hablo en general, digo que ciertos grupos habían abrazado los ideales del Tercer Reich, sobre todo algunos hombres cercanos al nacionalismo. Así que también en nuestro país se albergaban sentimientos hostiles hacia el pueblo judío, y esto siempre me dolió.

Le he pedido muchas veces al Señor que perdone a esta gente y la crueldad de los regímenes totalitarios. Incluso dejé constancia de ello en el libro de firmas cuando visité en Polonia los campos de concentración de Auschwitz y Birkenau en 2016; una peregrinación silenciosa en la que no pronuncié ningún discurso. Cualquier palabra se habría quedado corta frente a esa terrible tragedia. Delante del paredón de fusilamiento, donde mataban a los presos de un tiro en la cabeza, quise rezar por las almas de las víctimas, por nuestros hermanos y hermanas mayores en la fe, y por todas las comunidades que sufrieron las atrocidades de esta sinrazón humana. También vi la «celda del hambre», donde estuvo recluido san Maximiliano Kolbe, el fraile franciscano que ofrendó su vida a cambio de la de un padre de familia. Una cosa que siempre me entristeció es que a estas personas se las llevó hasta ahí engañadas, sin tener culpa de nada; creían que se les había destinado a un campo de trabajo, no sabían que en breve las despojarían de toda dignidad y serían asesinadas. Durante aquella visita a los campos de concentración y de exterminio, me quedé sin palabras, pero puedo afirmar que, después de tantos años, aún se respira un aire de muerte y crueldad ahí adentro. Fue muy impactante.

Volviendo a aquella época de los años cuarenta, en la que los nazis decidieron exterminar a todos los judíos, las historias de la señora Muso Nero le sirvieron a la abuela para comprender en profundidad todo eso y para que, años después, pudiera explicármelo también a mí. Con cinco o seis años me habría sido imposible entender que el ser humano pudiera llegar tan lejos, e imaginar lo que pasaría después. Tomé plena conciencia de este drama gracias a mis profesores del colegio, a mi familia, al estudio de la historia y, sobre todo, a los relatos de los sobrevivientes, que, con los años, me fueron contando sus experiencias de estar recluidos en campos de muerte, donde la dignidad humana fue pisoteada por completo.

Podría relatar muchas de las historias que conocí por el rabino Abraham Skorka, pero voy a citar tan solo dos.

La primera es la de Lidia Maksymowicz, hija de dos partisanos de Bielorrusia, a quien conocí en el Vaticano. Tenía solo tres años cuando los nazis la deportaron y la marcaron. A su familia la mandaron por motivos políticos, ya que desde el principio sus padres se habían declarado abiertamente partidarios de los judíos, a pesar de que ellos no lo eran. Lidia fue despachada al campo de Auschwitz II–Birkenau en 1943, separada de su madre y sometida, junto a otros muchos niños, a los experimentos del doctor Mengele. Aquel hombre hacía cosas terribles: probaba en ellos fármacos y venenos, convirtiéndolos casi en animales de experimentación. ¡Pobres chicos! Nos quedamos juntos unos minutos al terminar la audiencia general y tampoco en este caso tuve palabras. Solo un agradecimiento por su testimonio. Y espontáneamente le besé el número tatuado en el brazo, que sigue llevando desde que tenía tres años.

La segunda es la historia de Edith Bruck, sobreviviente judía húngara, cuyas historias y fortaleza me impresionaron mucho. En la oscuridad del campo de concentración, ella fue capaz de encontrar la luz. En Dachau, un cocinero nazi le preguntó su nombre y, al verla tan chica e indefensa, le dijo: «Yo también tengo una nena como tú», y le regaló un peine, aunque estuviera rapada al cero. Un signo de esperanza en medio de ese océano de muerte. Cuando fui a verla a su casa en Roma, me contó esta historia y yo le dije: «¡Cómo me hubiera gustado ser ese cocinero!». Pero también le pedí perdón por todo lo que les sucedió a los judíos. Con Edith me volví a encontrar en público en Roma, y otra vez en privado en el Vaticano; siempre el 27 de enero, el Día de la Memoria.

La memoria: estas personas son memorias vivientes, un tesoro inestimable para todos. El exterminio de millones de judíos no puede ser olvidado y no debe volver a repetirse, ¡basta de genocidios, basta de crueldad! La Shoah nos demuestra que hay que estar siempre alerta para actuar a tiempo cuando se ven atacadas la paz y la dignidad de las personas.

Ese tango que transmitía la radio, que distrajo por un momento a Jorgito mientras sus padres hablaban con la abuela Rosa, se ve interrumpido por el noticiero de las siete; el locutor da cuenta del ataque japonés a la base estadounidense de Pearl Harbor, en Hawái, ocurrido con las primeras luces del amanecer de aquel domingo 7 de diciembre de 1941. Miles de muertos, sobre todo soldados. Si hasta aquel entonces la mayoría de los estadounidenses estaba en contra de una intervención en la Segunda Guerra Mundial, tras el ataque del Imperio japonés la situación cambiaría radicalmente y el presidente Franklin Delano Roosevelt anunciaría la entrada de los Estados Unidos en la guerra, junto a Gran Bretaña y la Unión Soviética. De repente, todo el mundo guarda silencio para escuchar esa noticia radiofónica que llega desde America del Norte. Rosa hace un gesto de resignación, junta las manos y sacude la cabeza, como diciendo: «Lo que nos faltaba...». Luego se despide rápido y corriendo, se le hizo tarde y aún tiene que prepararle la cena a Giovanni.

«¡Nos vemos mañana a la mañana, eh!», dice dirigiéndose a Jorge, tras darle un beso. De hecho, será ella quien lo acompañe al jardín de infantes Nuestra Señora de la Misericordia, en la avenida Directorio, a cuatrocientos metros de casa, institución de monjas a la que el niño asiste desde hace más de un año. Mientras tanto, Regina sigue en la cocina, terminando de preparar la sopa. Mario ya sacó de la mesa los libros de contabilidad; también ese domingo se llevó trabajo a casa

y ahora llama a los chicos para que se laven las manos y se sienten tranquilitos a la mesa, mientras sigue comentando con su mujer las historias sobre judíos que les contó mamá Rosa.

—¿Cómo se puede llegar a eso? —se preguntan, sin entrar en detalles para no perturbar a sus hijos.

—Es evidente que se cree Dios, no hay otra explicación... —añade Regina claramente angustiada, al tiempo que lleva la olla a la mesa.

—Pobres —continúa Mario—, quién sabe el miedo que pasaron durante el viaje en tren, sobre todo los chicos. Y luego, quién sabe qué pasó cuando llegaron a destino...

—Papá, ¿qué viaje en tren? —preguntan los niños al unísono, sin obtener respuesta.

Después de tomar varias cucharadas de sopa, Regina no puede más y explota pensando en aquellos chicos judíos separados de sus madres. Sin ningún motivo.

—¡Hitler es un monstruo, eso es lo que es!

Al tener chicos en casa, nuestros padres eran muy sensibles cuando les pasaba algo a otros niños. En el caso de las deportaciones de los judíos, grandes o chicos, obviamente ese sentimiento se veía amplificado aún más. Como creyentes practicantes, no podían aceptar semejante situación, y por eso le daban a Hitler ese mote. ¡Y cuánta razón tenían!

A veces, cuando leo en los periódicos sobre los casos de racismo o de antisemitismo que sigue habiendo hoy en día, es como si en mí volvieran a aflorar esos sentimientos. Un ejemplo son los actos violentos de algunos fanáticos, las tumbas judías profanadas o las casas señaladas con la estrella de David en varios países europeos tras el estallido del nuevo conflicto en Medio Oriente, en octubre de 2023. ¡Es una vergüenza! Sobre todo, porque con frecuencia las personas involucradas son jóvenes. ¡Como si no hubieran entendido lo que fue la Shoah!

Pensemos también en las personas de piel negra. En los Estados Unidos, por ejemplo, se han llevado a cabo protestas callejeras en contra del asesinato de ciudadanos afrodescendientes a causa de prejuicios raciales. El homicidio de George Floyd, y de otros afroamericanos como él, tuvo una gran repercusión. Pero este problema no atañe solo a los Estados Unidos, sino que incumbe a otros países del mundo.

Afortunadamente, siempre hay una reacción colectiva ante las injusticias sociales o raciales, contra el abuso de poder, cuando la dignidad humana se ve herida. Por eso me gusta definir a las personas que participan en las manifestaciones pacíficas como «samaritanos colectivos» que intervienen para defender la dignidad de los seres humanos; de cualquier ser humano. Pero recordemos que el racismo es una enfermedad, un virus y, en el caso de Hitler, una enfermedad llevada a la enésima potencia porque aniquilaba a los judíos, pero también a los gitanos, a las personas con discapacidad, a los homosexuales, a los ancianos e incluso a los chicos con síndrome de Down. Los mandaba a todos a la muerte, sin piedad. Esto siempre me causó un gran dolor; nunca lo acepté. Por eso digo que no podemos mirar a otro lado cuando nos encontramos frente a un caso de antisemitismo, de racismo o de discriminación; debemos defender siempre la sacralidad de la vida humana. En la locura del odio, se deshonra y se profana el nombre de Dios; ocurre hoy y ocurrió con las perversas acciones de los regímenes totalitarios durante la Segunda Guerra Mundial. La historia se repite y lo vemos en nuestro día a día con lo que está pasando en Ucrania o en Medio Oriente, por ejemplo.

Volviendo a mi infancia, el pueblo judío que vivía lejos de Europa sufría realmente en aquellos años, lo veía en los ojos de los amigos de papá que venían a casa y en los ojos de sus hijos. Algunos de ellos cargaban siempre con un peso en el corazón, incluso cuando jugaban conmigo; quizá supieran algo de lo que les estaba pasando a su pueblo y a sus familiares, porque no sonreían casi nunca y su mirada era triste. Y esto lo sigo viendo hoy día cuando recibo a niños que llegan de zonas en guerra: sus ojos jamás sonríen, su sonrisa es siempre forzada.

Los niños pueden enseñarnos mucho con su inocencia, especialmente en estos tiempos de guerra. Ese fue uno de los motivos por los que decidí instaurar una Jornada de la Infancia: para que puedan ser nuestros principales «aliados» en la búsqueda de la paz. Con sus corazones puros y sencillos, los niños en realidad nos dicen mucho, sobre todo porque ya están siendo educados en la paz desde la escuela. Cada vez que estoy con ellos, también mi corazón vuelve un poco a ser niño y me olvido de todas las dificultades y controversias que surgen en mi servicio. Cuando los veo tan felices y llenos de vida, recuerdo el entusiasmo con el que jugaba en la calle con mis amigos. Por supuesto, había peleas y de vez en cuando se escapaba alguna palabrota, pero al final siempre hacíamos las paces... y disfrutábamos de una buena merienda en casa de la abuela Rosa, que nos preparaba pan con azúcar.

Pensando en todos los judíos que sufrieron y pagaron con su vida por el simple hecho de pertenecer a ese pueblo, en 2014 quise hacer una visita al Yad Vashem, el Centro Mundial de Conmemoración de la Shoah en Jerusalén. En mi discurso planteé unas sencillas preguntas: «¿Quién eres , hombre? ¿En qué te has convertido? ¿Cómo has sido capaz de este horror? ¿Qué te ha hecho caer tan bajo? [...] ¿Quién te ha convencido de que eres dios? No solo has torturado y asesinado a tus hermanos, sino que te los has ofrecido en sacrificio a ti mismo, porque te has erigido en dios. [...] [Señor], acuérdate de nosotros en tu misericordia. Danos la gracia de avergonzarnos de lo que, como hombres, hemos sido capaces de hacer, de avergonzarnos de esta máxima idolatría, de haber despreciado y destruido nuestra carne, esa carne que tú modelaste del barro, que tú vivificaste con tu aliento de vida. ¡Nunca más, Señor, nunca más!».

Por eso, no podemos olvidarnos de la gran cantidad de barbaridades contra el pueblo judío de las que fue testigo el siglo pasado. Pensábamos que eso había terminado con el final de la guerra y con la caída de los regímenes totalitarios, pero incluso hoy en día los judíos aún son perseguidos y estigmatizados. ¡Esto no es cristiano, tampoco humano! ¿Cuándo entenderemos que son nuestros hermanos?

No puedo negar que con frecuencia mi pensamiento se dirige a la gente que, en los años cuarenta, sufrió y encontró la muerte en los campos de concentración mientras nosotros vivíamos tranquilamente en nuestras casas en la Argentina, sin preocupaciones. Teníamos de todo, a pesar de vivir de manera sencilla. No hacía falta tener auto o un vestido hecho a medida o irse de vacaciones: lo principal era ser felices. Y eso en mi familia, gracias a Dios, nunca faltó. Sobre todo, no temíamos que alguien de las SS llamara a nuestra puerta para registrar la vivienda, no había patrullas nazis por las calles ni madres con la cabeza rapada a cero, separadas de sus hijos, enviadas a los campos vestidas con un overol sucio y privadas de todo derecho. Tampoco había hombres obligados a cumplir trabajos forzados y que después, cuando ya no servían, eran asesinados y arrojados a los hornos.

¿Por qué ellos sufrieron todo esto y yo no? ¿Por qué tantos chicos como yo en aquellos años fueron separados de sus padres mientras mis hermanos y yo recibimos el don del cielo de una infancia feliz? Me lo pregunto con el corazón hecho pedazos y sigo sin obtener respuesta.

III

LAS BOMBAS ATÓMICAS
Y EL FINAL DE LA GUERRA

El estadio enloquece. Tras el silbato final del árbitro Eduardo Forte, los aficionados de San Lorenzo de Almagro festejan a los gritos, entre bailes, cantos y coros que aclaman al Terceto de Oro, el trío formado por Armando Farro, René Pontoni y Rinaldo Fioramonte Martino. A pesar de la ausencia de Farro, el partido terminó con un 6 a 1 a favor de la formación azulgrana, que le ganó a Ferro Carril Oeste, el club del barrio de Caballito. Un resultado increíble en aquel histórico domingo, 2 de septiembre de 1945. Nadie esperaba semejante resultado de San Lorenzo, ni siquiera su director técnico Diego García; sin embargo se produjo el milagro. Entre los más fervientes hinchas del equipo de Almagro se encuentran también los Bergoglio, presentes en la tribuna. La familia está completa, Mario llevó a Regina y a los cuatro chicos: Jorge, que está sentado al lado de su padre, Óscar, Marta y Alberto, el más chiquito, de tres años.

Pontoni y sus compañeros dan la vuelta al campo de juego para saludar al público, pero también hay otro motivo especial para festejar: antes del partido, la radio anunció que, en la bahía de Yokohama en Japón, la delegación nipona, encabezada por el ministro de

Asuntos Exteriores Mamoru Shigemitsu, a bordo del acorazado estadounidense *Missouri*, firmó su rendición a manos del general MacArthur, con lo cual se producía de facto el final de la Segunda Guerra Mundial. En Europa, el conflicto terminó hace unos meses; frente al avance de las tropas angloamericanas y del Ejército Rojo hacia Berlín, Adolf Hitler se suicidó el 30 de abril, y el 7 de mayo siguiente Alemania firmó en Reims, Francia, el pacto de rendición incondicional ante las fuerzas aliadas.

Sin embargo, aquel 2 de septiembre de 1945 es el final de la guerra en todo el mundo, que ahora llora las víctimas de las explosiones de las dos bombas atómicas que los Estados Unidos de América lanzó sobre las ciudades japonesas de Hiroshima y Nagasaki. Más de doscientos mil muertos y ciento cincuenta mil heridos. También en Argentina se celebra el final de la guerra y por todas partes se habla de estos nuevos artefactos: en el bar, en los periódicos, en la radio, en la parroquia, con los vecinos de casa. Jorge, que ya tiene casi nueve años, oye hablar del tema a sus padres, pero también a la maestra de la escuela de primaria n.º 8 Coronel Pedro Antonio Cerviño, a la que asiste todos los días. Como buen estudiante, al igual que sus compañeros, lleva un guardapolvo blanco con un lazo negro. Su maestra, Estela Quiroga, está impresionada por los originales métodos del nene. Cuando tiene que estudiar sumas y restas, por ejemplo, en lugar de escribir o contar con los dedos, se entrena subiendo y bajando las escaleras del centro. Además de las matemáticas, le encantan la lectura, la filatelia y el deporte. Juega al básquet con su padre Mario, patea la pelota con sus amiguitos del barrio y luego, cada domingo, va al estadio con la familia completa.

Aquel domingo 2 de septiembre de 1945, antes de ir a la cancha para el extraordinario partido de San Lorenzo, Jorge volvió a casa. A la mañana había ido a misa con la abuela Rosa en la basílica de San José de Flores, a diez minutos de casa; ahora juega a la brisca con sus padres y con Óscar. De fondo, la obertura «Leonora n.º 3»: Mario puso en el tocadiscos el Fidelio de Beethoven, después de guardar los habituales libros de contabilidad que se lleva a casa para terminar el trabajo de la semana. Aunque su sueldo es bajo en comparación con el de otros compañeros —en Argentina no se le reconoce su título italiano—, nunca falta una sonrisa en su cara; sobre todo, cuando tiene que corregir a sus hijos menores, que todavía no aprendieron las reglas de ese juego de cartas italiano.

El momento de ocio, sin embargo, no dura para siempre. Cuando las agujas del reloj marcan los once y media, a mamá y a papá les toca ponerse a cocinar. Pero afuera alguien se puso a gritar el nombre de Regina, interrumpiendo esa tranquila y divertida mañana en familia.

Era nuestra vecina, María, que llamaba con insistencia a mamá. Me acuerdo como si fuera ayer de ese día de septiembre de 1945. Nuestra casa estaba separada de la de los vecinos por un paredón de unos metros de altura, al igual que todas las viviendas del barrio. En determinado momento, la señora que vivía al lado se asomó por el paredón y se puso a gritar el nombre de mamá para que saliera de casa: «¡Señora Regina, señora Regina!». Mamá salió de inmediato temiendo que hubiera pasado algo grave. Y la señora volvió a gritar, esta vez con una hermosa sonrisa: «Señora Regina..., ¡terminó la guerra! ¡¡¡Terminó la guerra!!!». Mamá quedó desconcertada por un segundo; luego, ambas rompieron a llorar de alegría. Un llanto liberador. Mientras tanto, había saltado también la sirena del diario La Prensa, era una señal muy fuerte que se activaba para avisarle a la población que había ocurrido algo importante. Aquel sonido era tan fuerte que, a pesar de que la sede del diario se encontraba a unos diez kilómetros de nuestra casa, se oía casi como si estuviera a la vuelta de la esquina. La gente empezó a asomarse a los balcones y a la calle para entender lo que estaba pasando. Lo mismo hicieron papá y mis hermanos. Fue un momento muy emocionante. Habiendo asistido a aquella escena, que sigo teniendo muy presente, puedo afirmar que ese día comprendí lo mucho que esta gente tan sencilla, a pesar de vivir en Sudamérica, y lejos de los escenarios de guerra, deseaba la paz. Todos sentimos una sensación maravillosa, como si por fin hubiera terminado una horrible pesadilla, sobre todo pensando en toda esa pobre gente que había muerto o que había tenido que escapar incluso a nuestros países.

Está claro que, en aquel momento, en todo el mundo esperábamos con ansias el anuncio del final de la contienda. La historia se repite y lo mismo que pasaba entonces sucede ahora. Todos sufrimos por los conflictos y por la violencia que golpean diferentes lugares del planeta, y nos preguntamos qué podemos hacer para aliviar el sufrimiento de la gente. Por supuesto, podemos ayudar a la reconstrucción con obras de caridad o repartiendo productos de primera necesidad, pero nuestra contribución más importante tal vez sea extirpar de nuestros corazones el odio y el resentimiento hacia quienes viven a nuestro lado. Todos somos hermanos y hermanas, y entre nosotros no puede prevalecer el resentimiento. Toda guerra, para poder terminar realmente, requiere del perdón; si no, lo que le seguiría no sería la justicia ¡sino la venganza!

Tenemos que aprender a construir en el mundo una cultura

de paz, que no sea vista solo desde la óptica del rechazo a la violencia de las armas. Pensemos en cómo destruye la violencia de nuestros chismes, pensemos en la violencia psicológica que se ejerce contra las personas frágiles e indefensas, pensemos en la violencia del abuso de poder, también en la Iglesia. ¿Queremos realmente la paz? ¡Entonces comencemos a trabajar con nosotros mismos! San Pablo nos indica el camino a seguir cuando dice que la misericordia, la benevolencia y el perdón son el mejor remedio para construir una cultura de paz.

Me viene a la cabeza lo que dijo el papa Pío XII en una transmisión radial justamente de agosto de 1939, en vísperas del estallido de la Segunda Guerra Mundial. Lo escuchamos también nosotros en casa, en el noticiero: «Nada se pierde con la paz. Todo puede perderse con la guerra. Que los hombres vuelvan a entenderse. Que retomen las negociaciones. Al tratarse con buena voluntad y con respeto por los derechos recíprocos, se darán cuenta de que si se negocia con sinceridad y en términos concretos, nunca se puede descartar un éxito honorable».

Pero la maldad humana, como también sucede hoy, no tenía oídos para escuchar aquellas santas y sabias palabras. De hecho, apenas seis años después, en agosto de 1945, dos bombas atómicas destruyeron Hiroshima y Nagasaki. Recuerdo que por la calle se hablaba de ese acontecimiento catastrófico; la gente en el bar o en el oratorio de los salesianos decía que los «yanquis» habían lanzado estos artefactos mortales, aunque nadie lo entendía demasiado bien. Nosotros, chicos, por supuesto no entendíamos, pero los adultos tampoco. «¿Qué es una bomba atómica? ¿Cómo funciona?», nos preguntábamos todos. Había artículos científicos en los diarios o en la radio que explicaban cómo era la explosión, qué pasaba con los átomos, la amplitud del radio de destrucción del artefacto. Había quien incluso se preguntaba si los efectos y la radiación de dichas bombas podrían afectar de algún modo también a Sudamérica o a la Argentina... No se tenía el conocimiento con que contamos hoy y realmente había mucho miedo. Miedo y desesperación. Escuché historias dramáticas sobre lo que ocurrió en Hiroshima de boca de personas que estuvieron ahí durante y después de la explosión atómica. Pero de eso voy a hablar más tarde.

También en las calles de Buenos Aires se celebra el final de la guerra. Mario enciende la radio para escuchar posibles novedades, mientras Regina vuelve a la cocina para preparar el almuerzo. Tienen que apurarse porque juega San Lorenzo a primera hora de la tarde y llegar al estadio, sobre todo sin auto, va a llevar su tiempo. Por suerte llegó la abuela Rosa para dar una mano; ella y Giovanni van a comer en casa de su hijo. Mientras tanto, los chicos juegan en el living. Óscar le enseña orgulloso a Jorge su botín, las dos monedas con que lo premió papá después de un partido de brisca; Marta trata de arrebatarle una de las manos, siente curiosidad, quiere tocar la monedita. Y empieza una pelea, entre gritos, lágrimas y tirones de pelo.

—Dale, Óscar, prestale una, solo quiere verla. Después te la devuelve —interviene la abuela.

—No, se la quiere quedar, seguro que la esconde por ahí —responde el nene, enfurruñado.

—Y no pasa nada, eso va a querer decir que se la regalaste. Acordate, ¡el sudario no tiene bolsillos! De nada sirve apegarnos al dinero —dice la abuela.

De repente, los chicos se quedan en silencio. Jorge está impresionado por lo que dijo la abuela, entiende perfectamente lo que significa y le hace un gesto a Óscar para que le dé una de las dos monedas a su hermanita. Marta se sale con la suya y, después de darle un beso a su hermano, vuelve a la habitación a jugar.

El programa deportivo, que pasan por la radio antes de los partidos de la tarde, ya terminó y, mientras la familia prepara los ravioles, se emite un nuevo análisis pormenorizado de los acontecimientos del día. Se habla de los festejos en las calles de Washington, Londres y París, se informa de las reacciones de las cancillerías internacionales y de la llegada de los militares estadounidenses a Tokio, donde recibieron flores de los chicos japoneses. Por todas partes se respira un aire de paz. Pero se sigue hablando del drama de las dos bombas atómicas y de los efectos de la radiación térmica sobre la población, acogida principalmente en los hospitales de campaña del ejército del Imperio nipón. En una parte del mundo hay fiesta, en la otra se siguen contando los muertos y heridos. Un corresponsal habla de una mujer que, en el momento de la explosión, tenía puesto un kimono, la violencia de la radiación térmica quemó el motivo estampado en la tela, que quedó impreso como una marca en su espalda.

Mario apaga de golpe la radio, los detalles de la historia se están volviendo poco aptos para los chicos que la escuchan. Afortunadamente, llegó el momento de sentarse a la mesa.

Efectivamente, desde Japón llegaban noticias terribles. En la radio se hablaba de toda esa gente que había sobrevivido a la explosión, a la que ya no le quedaba nada y que probablemente moriría dentro de poco debido a la radiación. También hablaba mucho de ello la gente de nuestro barrio. Había un miedo de verdad a que pudiera volver a ocurrir, que ese repentino resplandor pudiera tragárselo todo de nuevo, sin que hubiera escapatoria para nadie.

Aunque estuviera físicamente lejos, en cierto sentido viví esa tragedia de cerca, gracias a las historias del padre Pedro Arrupe, que pasó por la Argentina unos años después, cuando yo era un joven estudiante jesuita. Él era misionero en Hiroshima, rector del noviciado de la Compañía de Jesús, y de forma milagrosa había conseguido escapar de la explosión junto con los demás jesuitas y otros treinta y cinco jóvenes que vivían en el edificio. Sin embargo, él nunca dijo que hubiera sido un milagro, ¡a pesar de que la bomba cayó muy cerca de la sede de la Compañía de Jesús!

Me contó, eso sí, que el día del ataque, aquel 6 de agosto de 1945, notó una fortísima explosión y que todo empezó a derrumbarse, mientras salían volando, desintegradas, puertas, ventanas, paredes y muebles. Todos lograron escapar por los campos de arroz y subiendo una colina; una vez a salvo, vieron que la ciudad entera había quedado arrasada. Su descripción era impresionante: veía un lago de fuego enorme e innumerables cadáveres carbonizados.

El padre Pedro había estudiado Medicina, así que, a falta de médicos, porque habían muerto casi todos, pudo darle una mano a quien lo necesitara y transformó el noviciado en un hospital de campaña. Una buena idea, pero faltaban medicamentos. Por suerte, un campesino le dio una bolsa con más de veinte kilos de ácido bórico en polvo y con eso, mezclado con agua, el padre Pedro trató las heridas de un montón de personas que tenían el cuerpo lleno de quemaduras. Empezó a llegar ayuda de las ciudades vecinas al día siguiente, pero la fortaleza de los japoneses es increíble: se pusieron de pie y comenzaron de inmediato a reconstruir. Yo también, ya de adulto y siendo jesuita, quise ser misionero en Japón, pero no me dejaron irme por mi salud, en aquella época un poco precaria. Quién sabe, si me hubieran mandado a aquella tierra a lo mejor mi vida habría tomado otro rumbo, ¡y a lo mejor alguien en el Vaticano estaría mejor que ahora!

Volviendo a esos días terribles, el padre Arrupe, además de ayudar a las víctimas, buscaba donaciones para reconstruir las instalaciones de los jesuitas, pedía limosna puerta a puerta y encontró grandes muestras de generosidad en medio del sufrimiento. Pero mientras él se movía en medio de tanta gente desesperada, otros levantaban las copas para festejar la victoria. El uso de la energía atómica con fines bélicos es un crimen contra la humanidad, contra su dignidad y contra toda posibilidad de futuro en nuestro hogar común. ¡Es inmoral! ¿Cómo podemos erigirnos como paladines de la paz y de la justicia si, al mismo tiempo, fabricamos nuevas armas militares? La posesión de estas armas de destrucción masiva brinda tan solo una ilusión de seguridad, pues lo que se genera es un clima de sospecha y miedo. Por otra parte, el uso de estas bombas tendría un impacto ambiental y humanitario catastrófico, ¡recordemos lo que ocurrió precisamente en Japón! Fui hasta allá en 2019 y visité el Monumento de la Paz en Hiroshima. Fue un momento en verdad conmovedor, pensando en todas aquellas víctimas inocentes. Quise emprender esta peregrinación para reiterar principalmente tres imperativos morales que pueden abrir el camino hacia la paz: hacer memoria, caminar juntos y cuidarnos. No podemos permitir que las nuevas generaciones, incluidas las actuales, pierdan la memoria de todo lo que ha ocurrido; una memoria viva que pueda ayudar a trasmitir, de generación en generación: «¡Nunca más!».

Por eso tenemos que caminar juntos, con la mirada puesta en el perdón, llevando un rayo de luz en medio de las nubes que hoy en día oscurecen el cielo. Y de verdad son muchas, si observamos los puntos «calientes» del planeta y cómo viven nuestros hermanos y hermanas en las sufridas tierras de Ucrania, Siria, Yemen, Myanmar, Medio Oriente y Sudán del Sur, entre muchos otros países donde aún se vive la tragedia de la guerra. Por el contrario, tenemos que abrirnos a la esperanza y convertirnos en instrumentos de paz y reconciliación. Podremos lograrlo si somos capaces de cuidarnos y de reconocernos como hermanos y hermanas en un destino común. Por eso, tanto ahora como entonces, elevemos un grito desde nuestro corazón: basta de guerra, basta del fragor de las armas, basta de sufrimiento. Que haya paz para todo el mundo. Una paz duradera y sin armas.

En aquellos días de 1945, también en el colegio se habló bastante del final de la guerra y de cómo las grandes potencias se habían repartido el mundo. Me acuerdo de que los estudiantes hacíamos trabajos sobre la paz y nos gustaba mucho. El tema también se trató con detenimiento en los años sucesivos, cuando me cambié de colegio. En 1948 nació mi última hermana, María Elena. Mi madre tuvo problemas de salud y no podía ocuparse de todos nosotros. Por eso, al curso siguiente, en 1949, Óscar, Marta y yo, gracias a la ayuda de don Enrico Pozzoli, entramos en el internado de los salesianos. Marta, que tenía ocho años, asistió al de chicas, el María Auxiliadora; mientras que mi hermano y yo fuimos al internado Wilfrid Barón de los

Santos Ángeles, en Ramos Mejía, a unos doce kilómetros de nuestra casa.

Ahí hice sexto y tengo que decir que no tuve tiempo para aburrirme. Era en verdad una vida en la que el ocio no tenía lugar. Desde la mañana temprano las actividades con la misa, el estudio, las clases, el juego durante el recreo y después, al final del día, las «buenas noches» del director. En el internado aprendí a estudiar realmente bien, porque gracias a la ayuda de los profesores conocí técnicas mnemotécnicas que incluso hoy en día me son útiles. Y después el silencio; era precioso pasarse horas y horas estudiando inmersos en el más absoluto silencio, pues favorecía la concentración. También hacíamos mucho deporte porque, como decían, era un aspecto fundamental de nuestra vida. Después de tantas preocupaciones debidas al conflicto mundial y a la explosión de las bombas atómicas, necesitábamos actividades que favorecieran el entretenimiento, a condición de que se llevaran a cabo dentro de los límites de una sana confrontación. Nos enseñaban a competir como cristianos. Así que nada de juego peligroso y, sobre todo, ¡mucha honestidad en el campo!

Pero creo que lo más importante es que, en general, a través del despertar de la conciencia de las cosas, el internado creaba una cultura católica que no era ni santurrona ni confusa. También se vivía la piedad hacia los demás, ¡y era de verdad! Esto formaba hábitos que, en conjunto, plasmaban un modo de ser, siguiendo precisamente las enseñanzas católicas. Ahí, por ejemplo, aprendí a abrirme a los demás, a privarme de ciertas cosas para dárselas a personas más pobres que yo. Después de todo, el sudario no tiene bolsillos, ¿se acuerdan?

No es casualidad que fuera allí, con los salesianos, donde con doce años sentí por primera vez la vocación del sacerdocio. Me armé de valor y lo hablé con el padre Martínez, a quien todos conocíamos como el «Pescador», debido al gran número de vocaciones que había descubierto entre los pibes mientras recorría los internados salesianos. Lo vi varias veces, pero tampoco es que ahondáramos en el tema. Este deseo seguía dormido en mi interior, y estallaría definitivamente durante los años cincuenta.

IV

LA GUERRA FRÍA
Y EL MACARTISMO

—Buenos días, Jorge, ¡qué linda sorpresa! ¿Qué hacías por acá? Todavía no es verano...

La inconfundible voz de Esther resuena en las salas aún desiertas del laboratorio Hickethier-Bachmann, donde el adolescente Jorge Bergoglio se presentó de improviso, a las siete de la mañana de un frío y lluvioso día de junio de 1953.

El chico ya es como de la familia. Lo conocen bien porque, entre diciembre y marzo, realiza en ese laboratorio de análisis químicos del barrio de La Recoleta, Buenos Aires, las prácticas previstas en su programa de estudios. Su trabajo consiste en hacer controles de calidad de los alimentos.

Papá Mario le insistió mucho; quiere que su hijo gane experiencia durante los meses calurosos, y Jorge se lo tomó muy en serio; compaginar la dedicación en la empresa con los estudios le supone un gran esfuerzo, pero no es el único que sale todas las tardes cansado. Las prácticas, ya sean en fábrica o en laboratorio, están previstas en el colegio al que asiste, la Escuela Industrial n.º 12. Para todos los estudiantes de los cursos de tercero, cuarto y quinto, el programa de verano se divide en clases teóricas a la tarde, desde las dos hasta las seis, y prácticas a la mañana, de siete a una. Solo una hora de descanso: el tiempo justo para llegar del laboratorio a la escuela con una empanada en la boca. Al finalizar los seis años, llegará el diploma de perito químico.

Sin embargo, la repentina visita de Jorge aquella mañana de comienzos de invierno no está relacionada con el programa escolar; antes de entrar a clase, el chico de dieciséis años simplemente quiere saludar a la responsable del laboratorio y charlar con ella. Se llama Esther Ballestrino, es una bioquímica paraguaya de treinta y cinco años que huyó de su país a causa de las persecuciones sufridas durante la dictadura del general Higinio Morínigo Martínez. De hecho, Esther es militante marxista, miembro del Partido Revolucionario Febrerista, y está al frente de la defensa de las mujeres y de los trabajadores del campo. Sus discursos y sus actuaciones no eran tolerados por las autoridades de Paraguay, por eso Esther se vio obligada a huir y refugiarse en la Argentina de Juan Domingo y Evita Perón.

La joven, de abundante pelo castaño y siempre elegantísima, alternando cariño y rigor le enseñó a Jorge a utilizar el microscopio, poniéndolo a prueba con alambiques y probetas. Pero también le encanta hablar con él, incluso fuera del horario de prácticas, sobre la actualidad, sobre lo que pasa en el mundo, sobre el pensamiento marxista y sobre los derechos de los trabajadores.

La puerta de su oficina siempre está abierta: ahí la rodean gruesos archivos y utensilios para los análisis de laboratorio. En su escritorio, además de la pila de papeles y de los resultados de los análisis que hay que enviar a las empresas que los solicitan, siempre hay un diario. Esther lo compra en el quiosco todas las mañanas y lee las noticias durante las pausas del trabajo. Esa mañana, en la sección internacional se habla de la ejecución en la silla eléctrica de Julius y Ethel Rosenberg, en la cárcel de Sing Sing. Habían sido condenados dos años antes, acusados de ser espías de la Unión Soviética. Según el juez, el matrimonio habría entregado a los soviéticos información muy confidencial sobre armas nucleares.

—Jorge, escuchá esto... —dice Esther para llamar la atención del chico y empieza a leer en voz alta el artículo. —A la pobre le tuvieron que dar más descargas de lo previsto porque no se moría... Estos son los efectos de la Guerra Fría o, mejor dicho, los efectos más crueles del macartismo —agrega.

Aquella palabra, «macartismo», no es nueva para Jorge; se la oyó a algunos profesores que comentaban una vieja viñeta de 1950 del caricaturista Herbert Block. En esa viñeta, publicada por el Washington Post y que se hizo famosa en todo el mundo, se usó por primera vez aquel término.

Por aquellos años, los Estados Unidos viven un clima de creciente tensión social a causa de una comisión dirigida por el senador Joseph McCarthy y creada para destapar actividades antiamericanas a manos de supuestos comunistas; hombres y mujeres que con su ideología podrían debilitar los cimientos de la sociedad estadounidense. Artistas, periodistas, escritores, personas del sector cultural, miembros del Ejército y funcionarios del Gobierno quedan en el punto de mira. Se comienza a hablar de «caza de brujas». El «miedo rojo» parece haber tomado el control, mientras los dos bloques, el norteamericano y el soviético, se distancian cada vez más. En este escenario, la Argentina peronista de los descamisados vive un periodo de alejamiento de la antigua influencia estadounidense, decidiendo no tomar partido en la Guerra Fría y anunciando una tercera posición: ni con los capitalistas ni con los comunistas.

Desde el punto de vista de la política internacional, fue un periodo muy «caliente». La Guerra Fría afectaba el bolsillo de las personas y eso desencadenaba declaraciones públicas muy provocativas, protestas, sospechas y, a menudo, represalias. Recuerdo que la prensa argentina publicaba un montón de viñetas satíricas sobre la Unión Soviética y los Estados Unidos, dos gigantes enfrentados en una guerra soterrada, aparentemente sin armas, pero con amenazas y espionaje.

También se hablaba de la lucha por el poder en la Unión Soviética tras la muerte de Stalin, episodio que todavía recuerdo con claridad: algunos hablaban de liberación, mientras que otros vivían el momento con gran pesar. ¡Los nostálgicos estalinistas! Recuerdo también la triste historia del matrimonio Rosenberg, que ocurrió en este clima de sospecha, el macartismo, cuando buscaban posibles espías comunistas en territorio estadounidense.

Recuerdo que incluso el papa, por aquel entonces Pío XII, pidió que se le conmutara la pena de muerte a la pareja. De hecho, para la Iglesia tanto lo que ocurrió como lo que ocurre aún hoy día en muchos países del mundo es inadmisible. Para quien recibe una condena tiene que haber siempre una ventana de esperanza; la pena capital es la derrota de la justicia. Hasta el último momento, una persona puede redimirse, puede cambiar; esta práctica no solo impide esa posibilidad, sino que destruye lo más importante que hemos recibido del Señor: la vida. Me pregunto: ¿quiénes son estas personas para decidir quitarle la vida a otra? ¡Quizá creen que pueden ocupar el lugar de Dios! Quiero reiterar que hoy necesitamos más que nunca una movilización espiritual colectiva de todos los cristianos para respaldar, en concreto, a las asociaciones que luchan a diario por la abolición de la pena de muerte. ¡Tenemos que estar unidos en esto!

En la sociedad argentina de los cincuenta se abordaba muy por encima el macartismo norteamericano: solo se oía hablar del tema en las noticias de actualidad de los diarios o en algunos debates televisivos, porque ya teníamos nuestros asuntos de política interna por resolver. En aquellos años, aunque le dedicara algún tiempo a la lectura de tipo político, igual que cualquier pibe de mi edad tenía otras cosas en la cabeza, como juntarme con amigos, buscar libros en mesas de saldo o hacer deporte. Aun así, puedo decir que la historia de los Rosenberg, así como este fenómeno social de los Estados Unidos, me los explicó muy bien Esther, que era precisamente mi jefa en el laboratorio. Una mujer formidable a quien le debo mucho. Ella sí que era una comunista de las de verdad, atea pero respetuosa. Incluso teniendo sus ideas, nunca atacaba la fe, ni siquiera cuando hablaba en privado con algunas amigas. Y me enseñó mucho de política. En aquel periodo me daba para leer publicaciones, entre ellas, las del Partido Comunista, *Nuestra Palabra y Propósitos*, y me volví aficionado a los artículos de Leónidas Barletta, un escritor y director argentino, figura de referencia de la izquierda independiente. De todos modos, nunca abracé la ideología comunista. Aquellas lecturas se limitaban solo a un plano intelectual, además de ser una manera de conocer el mundo del que provenía Esther.

En este sentido, hay quien, tras mi elección como papa, dijo que hablo mucho de los pobres porque soy comunista o marxista. También un amigo cardenal me contó una vez que una señora, buena católica, le dijo estar convencida de que el papa Francisco era el antipapa. ¿La razón? ¡Porque no llevo los zapatos rojos! Pero hablar de los pobres no significa automáticamente ser comunista, ¡los pobres son la bandera del Evangelio y están en el corazón de Jesús! La pobreza no tiene ideología, la Iglesia no tiene ni puede tener ideología, como suelo decir, ¡no es un parlamento! No se puede reducir todo a facciones de derecha o de izquierda. Pongamos como ejemplo los Hechos de los Apóstoles, capítulo 4, versículo 32, donde se lee: «Y la multitud de los que habían creído era de un corazón y un alma; y ninguno decía ser suyo propio nada de lo que poseía, sino que tenían todas las cosas en común». Así es, en las primeras comunidades cristianas se compartía la propiedad, ¡esto no es comunismo, sino cristianismo en estado puro!

Volviendo a Esther, en relación con el macartismo, me decía que había que tener la lucidez y la sabiduría para distinguir y entender por qué se hablaba del «peligro comunista» para la democracia estadounidense. ¿Se agitaba el fantasma comunista de manera instrumental? ¿O existía realmente el peligro de que se difundieran secretos de Estado? Eran preguntas que mucha gente se hacía por aquel entonces.

Muchos años después de nuestras conversaciones, Esther empezó una batalla dolorosa al fundar con otras dos mujeres la Asociación de las Madres de Plaza de Mayo, que reunió a las desesperadas madres de los desaparecidos. Estableció la sede del grupo en el barrio de San Cristóbal, en la parroquia de Santa Cruz, donde ahora está enterrada esta querida amiga. Pero voy a hablar de esto más adelante.

Querida amiga, sí, ¡pero qué quilombo! En el trabajo era bastante estricta. Si le entregaba demasiado pronto los resultados de unos análisis, sospechaba y me pedía que los repitiera. O, si omitía ciertos test porque los consideraba inútiles, ella insistía en que los realizara y me retaba: «Jorge, las cosas hay que hacerlas con atención ¡y bien!». Realmente le importaba que todos fuéramos serios y meticulosos.

La verdad, yo estaba acostumbrado. Antes de empezar las prácticas en ese laboratorio, había trabajado todo el verano de 1950 de encargado de limpieza en la tintorería donde papá era contador, cerca de casa. Además, de vez en cuando, hacía algún trabajo de secretaría. En aquel periodo solía pasar mucho tiempo en casa de mis abuelos maternos, María y Francesco, en la calle Quintino Bocayuva, y muchas veces pasaba a comer don Enrico Pozzoli. ¡Qué momentos!

Por lo demás, aquellos años, los años cincuenta, fueron los más importantes de mi vida. Fue en aquella década cuando tuve las experiencias del trabajo, del amor, de escapar por un pelo de la muerte y de la vocación sacerdotal. Esta última llegó de repente un extraño día a principios de primavera.

Entre estudiar y asistir a las clases presenciales, el invierno pasó volando. Ya es primavera en el hemisferio sur. El lunes 21 de septiembre de 1953, Buenos Aires amaneció inmersa en una atmósfera de alegría por la llegada de la hermosa estación y los alumnos de la escuela se preparan para la Fiesta del Estudiante, que cada año coincide con la llegada del buen tiempo. A pesar de que aún no son las ocho, Jorge está apurado y ya está listo para salir. Quiere ponerse el traje que le planchó su madre porque es un día especial: va a encontrarse con algunos amigos en la estación de Flores, donde se juntarán con otros compañeros para ir a festejar con un pícnic fuera de la ciudad. Papá Mario se fue temprano y acompañó a María Elena, la chiquitina de la casa, al jardín de infantes; antes de despedirse de todos, encendió la radio como todas las mañanas.

Desde hace un tiempo, con la llegada de la televisión, la calidad de los programas ha disminuido un poco. Los locutores históricos de radio se pasaron a la tele, aunque en casa de los Bergoglio la tradición sigue intacta; sobre todo porque Mario, además de amar la música clásica que se emite en las mañanas, no puede permitirse todavía el nuevo electrodoméstico que desde hace dos años retransmite por todo el país.

Unas semanas antes de aquel lunes festivo, los telediarios, así como los diarios y las radios, relataron el final de la guerra de Corea, que tuvo lugar en julio. Luego, el 7 de septiembre de 1953, la elección de Nikita Kruschev como primer secretario del Partido Comunista de la Unión Soviética. Para muchos, una vez superados los dramáticos años del estalinismo, aquella elección puede significar solo una cosa: el final de la Guerra Fría. Otros, en cambio, la ven simplemente como un paréntesis y están convencidos de que llevará tiempo salir de esa lógica que ve el mundo dividido en dos bloques. Jorge, que gracias a Esther se aficionó a los libros de política, cuando está en casa sigue atentamente las noticias para después debatir con ella y escuchar su punto de vista. En definitiva, trata de mantenerse lo más informado posible para comprender cómo se mueve el mundo. También suele hablar de eso con su grupo de amigos, algunos de los cuales trabajan con él en el laboratorio de química. Cuando se juntan a la noche para bailar tango o escuchar rock, entre partido y partido de billar, hablan también del comunismo, del peronismo y del capitalismo estadounidense. Por aquellos años, la Guerra Fría y sus efectos sobre la economía mundial son de los temas que más salen en aquel grupo de adolescentes.

Jorge también tiene otros intereses, como es natural. Su colección de estampillas ha adquirido ya cierta importancia, asiste a Acción Católica en la parroquia, y cada vez disfruta más escuchar ópera en la radio y las noticias deportivas para estar al tanto de las últimas novedades de San Lorenzo. ¡Tanto él como papá Mario son auténticos hinchas! Pero ese día de principios de primavera no puede desperdiciarse escuchando las noticias en la radio. Sus amigos lo esperan en la estación.

Leyendo los diarios y escuchando las noticias en la radio se apreciaba muy bien cómo la elección del nuevo secretario del Partido Comunista soviético daría inicio a una fase de deshielo entre los EE. UU. y la URSS; aunque al mismo tiempo serían años de competencia en el plano de la tecnología, la industria y, sobre todo, en la carrera espacial. Mientras en los Estados Unidos había llegado un nuevo presidente republicano, Dwight Eisenhower, en la Unión Soviética se vivía el final del periodo del puño de hierro de Stalin y con Kruschev había empezado una época más pacífica. Los dos grandes bloques habían entendido cómo convivir evitando la guerra. A efectos prácticos, se aceptaban tácitamente, permaneciendo fieles a sus posturas, convencidos de que las cosas marcharían de manera natural a su favor. Lo importante es que, en ese periodo histórico, hasta la crisis de los misiles de Cuba en 1962, se entendió que el uso de armas atómicas no resolvería ninguna discrepancia. En cambio, hoy en día, paradójicamente, la miopía humana parece haber reabierto ese clima de Guerra Fría. Quizá algunos hayan olvidado que durante decenios el mundo vivió con el corazón en un puño, al borde de una crisis devastadora. ¡Nos salvamos por muy poco! Aun así, hoy todavía oímos hablar de la amenaza de una guerra nuclear que arroja sobre el mundo malestar y angustia.

En este sentido, no está de más releer lo que decía el papa Juan XXIII: «Si bien parece difícilmente creíble que haya hombres con suficiente osadía para tomar sobre sí la responsabilidad de las muertes y de la asoladora destrucción que acarrearía una guerra, resulta innegable, en cambio, que un hecho cualquiera imprevisible puede de improviso e inesperadamente provocar el incendio bélico». No olvidemos que ante la amenaza de las armas nucleares todos somos perdedores, ¡no hay vía de escape!

Vuelvo con la mente a aquel 21 de septiembre de 1953. Había salido apurado de casa, tenía que alcanzar a mis amigos en la estación para ir a la Fiesta del Estudiante. Pasé por delante de la basílica San José de Flores, a la que iba desde que era chico, y de repente sentí la necesidad de entrar y saludar al Señor. Después de una oración de rodillas, comenzó a crecer en mi interior el deseo de confesarme. Solía hacerlo en Almagro, en la basílica de María Auxiliadora, con «gigantes» del confesionario; los defino así porque tenían una habilidad única para escuchar y eran auténticos ejemplos de misericordia: el padre Scandroglio, que siempre me daba un poco de miedo, el padre Montaldo o el padre Punto. Aquel día, en San José de Flores estaba un cura que no había visto antes, un tal padre Carlos Duarte Ibarra, natural de Corrientes. Me dijo que se encontraba de casualidad en Buenos Aires porque se estaba tratando una horrible leucemia. Por desgracia, moriría al año siguiente.

Durante aquella confesión, ocurrió algo extraño que realmente cambió mi vida: sentí el estupor de haberme encontrado de pronto con Dios. Estaba allí, esperándome, se me había adelantado. Al confesarme con ese cura me sentí acogido por la misericordia del Señor. *Miserando atque eligendo*, «lo miró con misericordia y lo eligió», se lee en la homilía 21 del monje inglés san Beda el Venerable cuando describe el episodio del Evangelio que narra la vocación de Mateo, el publicano al que Jesús eligió e invitó a que lo siguiera. La meditación se propone en el Oficio de Lectura precisamente en la fiesta litúrgica de San Mateo Evangelista, que se celebra el 21 de septiembre. No es casualidad que esta frase se haya convertido en mi lema episcopal y que aún hoy siga resaltando sobre el escudo del papa. Dios es aquel que va siempre por delante de nosotros. Cuando cometemos un pecado, Él está esperando para perdonarnos, para acogernos, para brindarnos su amor. De este modo, la fe crece cada vez más. Puedo decir que ese día «caí al suelo», como se cuenta de san Pablo de Tarso en los Hechos de los Apóstoles cuando recibe la llamada del Señor.

¡Me río yo del pícnic con los amigos! ¡Estaba viviendo un momento precioso de mi vida, me estaba abandonando totalmente a las manos de Dios! Estaba abrumado, sentí la necesidad de ir corriendo a casa y quedarme a solas, en silencio. Y así me quedé un buen rato.

No es de extrañar que a mi familia no le dijera ni una palabra de mi llamada al sacerdocio durante dos años, hasta la graduación, cuando llegó el momento de elegir universidad. Estábamos ya en 1955 y el único que sabía algo era el padre Duarte, que me acompañó en el camino de la fe hasta su muerte. Al principio no se lo conté ni siquiera a mis compañeros de colegio. En el grupo más cercano éramos diez y nos hacíamos llamar, en broma, los diez muchachos. Con ellos nos gustaba celebrar veladas en un club del barrio Chacarita. Jugábamos al billar, charlábamos de temas políticos y bailábamos tango. Me gustaba mucho la orquesta de Juan D'Arienzo, también los cantantes Julio Sosa y Ada Falcón, que tras varios enredos amorosos se hizo monja y se fue a vivir a un pueblo de Córdoba.

Entonces llegó el momento de hablar con papá. Me armé de valor y se lo conté. Le pareció bien. En cambio, me daba miedo decírselo a mamá, sabía que ella no aceptaría mi decisión, así que me inventé que iba a estudiar Medicina. Pero un día, mientras hacía limpieza en casa, descubrió que en el escritorio tenía unos libros de teología y filosofía. Frente al reproche por la mentira le respondí sonriendo: «Mamá, de verdad que estoy estudiando Medicina, ¡pero la del alma!». No se lo tomó muy bien, por lo que para tranquilizarla habló papá con ella. Entonces se me acercó y me dijo: «No sé, Jorge, no te veo; vos sos ya mayor, probá terminar la universidad y luego decidís…». ¡Está claro que para su primogénito soñaba con un futuro médico!

En cambio, la abuela Rosa se alegró mucho y en mi mente siguen grabadas sus tiernas palabras cargadas de misericordia: «Acordate, Jorge, de que la puerta de casa siempre va a estar abierta, que nadie te va a reprochar si un día decidís volver; pero si Dios te llama, andá, ¡bendito seas!».

Así, gracias también a la guía espiritual de don Enrico Pozzoli, que habló largo y tendido con mis padres durante la fiesta por sus veinte años de casados, me decidí y, con diecinueve años, acompañado por aquel buen salesiano, entré en el seminario arquidiocesano de Villa Devoto. Allí se me encomendó la tarea de ocuparme de los seminaristas más jóvenes, entre los cuales había un chico de doce años, un tal Leonardo Sandri, hijo de inmigrantes trentinos, al que me volví a encontrar en el Vaticano como cardenal.

Durante ese año en el seminario tuve también un pequeño flechazo. Normal, si no, no seríamos seres humanos. En el pasado ya había tenido novia, una chica muy dulce que trabajaba en el mundo del cine y que después se casó y tuvo hijos. Pero en esta ocasión estaba en la boda de uno de mis tíos y me quedé prendado de una chica. La cabeza me daba vueltas de lo linda e inteligente que era. ¡Durante una semana no pude quitarme su imagen de la cabeza y me era difícil ponerme a rezar! Pero luego, por fortuna, eso pasó y pude dedicarme en cuerpo y alma a mi vocación.

Hasta la enésima prueba. Era agosto de 1957, los abuelos estaban a punto de celebrar su quincuagésimo aniversario, pero unos días antes, en el seminario, a todo el mundo le dio gripe. Yo también me contagié, aunque, mientras los demás chicos se iban curando y saliendo, yo seguía encerrado en la habitación porque la fiebre no quería bajar. Hasta que un día empeoré. Tenía una fiebre altísima y el rector, asustado, me llevó corriendo al Hospital Sirio Libanés. Me diagnosticaron una infección muy seria y ese mismo día me extrajeron un litro de líquido de los pulmones. Me cuidaba una enfermera a la que le debo la vida, sor Cornelia Caraglio, de la orden de las dominicas. Se había dado cuenta de que la dosis de penicilina que me habían prescrito los médicos era demasiado baja. Entonces me suministró la cantidad adecuada para ese tipo de problema y me salvó. Además, todos los días venían mis compañeros de seminario que tenían mi mismo grupo sanguíneo para donarme sangre. ¡Estaba rodeado de ángeles de la guarda!

La recuperación fue larga, me pasaba mucho tiempo en silencio. Pensaba en lo que podría haberme ocurrido, le rezaba a la Virgen y, en cierto sentido, me preparaba también para la muerte, que no se podía descartar y podría llegar en cualquier momento. De hecho, cada vez que mamá venía a verme, rompía en llanto; otros intentaban consolarme. Al final, en octubre de ese mismo año, me sacaron el lóbulo superior del pulmón derecho, donde se habían formado tres quistes. Una intervención quirúrgica con las técnicas de entonces; se pueden imaginar los cortes que me hicieron y lo mucho que sufrí.

Al salir del hospital tomé la decisión de dejar el seminario arquidiocesano para entrar en una orden religiosa, los jesuitas. Me atraía mucho su vocación misionera y me gustaba la disciplina que seguían. Me habrían admitido en el seminario en marzo, pero estábamos todavía en noviembre y estaba a punto de empezar el verano. Gracias a don Enrico Pozzoli, pasé un mes en una residencia de montaña, Villa Don Bosco, en Tandil, rodeado de verde, con los jóvenes clérigos. Don Pozzoli nunca trató de convencerme para que entrara en su congregación. No hacía proselitismo, respetó mi elección.

El 11 de marzo de 1958 entré a la Compañía de Jesús. Vinieron años de estudio en la Argentina y de misión en Chile, y luego de enseñanza en dos colegios: el Inmaculada Concepción en Santa Fe y el del Salvador en Buenos Aires. Estábamos ya a mediados de los años sesenta y estaba ahí en calidad de «maestro suplente», es decir, de profesor en prácticas, y debido a mi corta edad, no llegaba a los treinta años, los estudiantes me habían apodado «carucha», que significaba «cara de nene». ¡Eran unos chicos muy creativos!

En estos colegios daba clases de Literatura y Psicología a alumnos realmente curiosos y con frecuencia un poco rebeldes. Una vez, uno de mis alumnos, que se llamaba Roberto, se agarró a los golpes con un chico más bajito durante un partido de fútbol. Era algo grave, pero en lugar de castigarlo de inmediato, pensé en una lección diferente: lo convoqué en clase determinado día a determinada hora y, cuando se presentó, junto a mí se encontró esperando a sus otros diez compañeros sentados en círculo. Les pedí que explicara cada uno de ellos lo que había pasado y el porqué de aquella acción. Algunos amigos lo consolaron, otros le dieron consejos, alguno le quiso tomar el pelo, pero hice como que no lo veía. Después, aquella «comisión estudiantil» especial decidió el castigo: disculparse de inmediato con el pibe abofeteado y suspenderlo de la actividad deportiva durante dos semanas. El sentido de mi decisión era doble: por un lado, fueron los mismos alumnos, y no los profesores, los que sancionaron un comportamiento incorrecto; por el otro, con esa estrategia los chicos experimentaron el significado de la palabra «comunidad».

Me acuerdo de otro alumno, Jorge Milia, también del colegio de Santa Fe, que de grande se recibió de abogado y hoy es escritor y periodista. No me presentó un trabajo de Literatura a tiempo y por eso reprobó. Hizo un excelente examen de recuperación delante de una comisión formada por otros dos cofrades y por mí. Hubiera merecido un diez redondo, pero decidimos ponerle un nueve por petición mía. «El examen es de diez, pero vas a sacar un nueve, así no te olvidás de tus años en este colegio», le dije. ¡Y creo que el pobre Jorge todavía se debe acordar! Todavía seguimos en contacto: se mudó a Mallorca y de vez en cuando viene a verme al Vaticano.

Había mucho entusiasmo en aquellos chicos que se prepara-
ban para la universidad. Eran los años en los que a nuestro país
llegaba de Europa el fenómeno de los Beatles, banda de rock que
en aquella época no conocía. Era 1965 y un día llamaron a mi
puerta un grupito de estudiantes que querían formar una banda
para imitar a esos artistas británicos, pero no tenían ni espacio
ni medios para componer el cuarteto. Me mostraron un disco
con una foto de los cuatro de Liverpool y, al verlos con el pelo
largo, les hice una broma: «No irán a volverse unos peludos como
ellos, ¿no?». Luego hicimos un pacto: ellos deberían esforzarse a
fondo y yo los apoyaría. Conseguí, no sin dificultades, una sala
para los ensayos semanales, el equipo de sonido (micrófonos y
parlantes), que generalmente utilizaba el rector del colegio, y un
traductor, un estudiante nuestro, que escucharía los discos de
los Beatles y que traduciría a español las letras de las canciones.
Alenté a aquellos jóvenes a que se presentaran delante de sus
compañeros, ¡aunque fueron eventos no precisamente afortu-
nados, debido a algún percance con los amplificadores, que no
funcionaban! Por desgracia, después de los exámenes de quinto,
cada cual siguió su camino a la universidad y la banda se disol-
vió, pero fue un lindo experimento y, sobre todo, ¡otra ocasión
para construir comunidad!

Debo decir que todos ellos eran chicos muy atentos, sobre
todo los de los últimos dos años de bachillerato. Durante las clases de Historia de la Literatura Española y Argentina, trataba de
acercarlos a la escritura creativa y les explicaba que había que
diferenciar lo que decían los libros del colegio de lo que decían
los autores. Para eso, organicé diversos encuentros en clase con
algunos escritores: vino a vernos María Esther Vázquez, que te-

nía un programa de literatura en la radio y colaboraba con Jorge Luis Borges, con el que había escrito algunos libros. Y tiempo después vino el propio Borges, que dio una serie de charlas memorables. Invité también a María Esther de Miguel, en aquella época joven autora del *bestseller* argentino *Los que comimos a Solís*, que impactó mucho a los chicos, tanto por sus palabras como por su belleza.

Estas fueron experiencias formativas muy importantes para los estudiantes, pero también lo fueron para mí que, mientras tanto, paso a paso, me preparaba para ser ordenado sacerdote en 1969.

V

LA LLEGADA A LA LUNA

A pesar de la hora, las luces del Colegio Máximo de San José siguen encendidas. El enorme edificio de ladrillo que data de los años treinta, rodeado de treinta y seis hectáreas de vegetación en San Miguel, cincuenta kilómetros al noroeste del centro de Buenos Aires, alberga a los seminaristas de la Compañía de Jesús, estudiantes de Filosofía y Teología que se han reunido para seguir por televisión un acontecimiento especial.

Son casi las diez de la noche del domingo 20 de julio de 1969. Fuera hace mucho frío, a esa hora hay poca gente en la calle. Algunos se encuentran en casa y disfrutan del espectáculo sentados en el sillón, junto a una estufa; a otros los invitó un amigo o se encuentran en algún bar que sigue abierto. La sala de televisión en el instituto de los jesuitas es muy sencilla: una cuarentena de sillas en total, un crucifijo colgado de la pared blanca y unas enormes cortinas verdes que llegan hasta el suelo. En el centro, en una posición destacada, una televisión mediana. Los asientos están todos ocupados, el rector les dio permiso a los estudiantes para quedarse despiertos y poder seguir en directo la histórica llegada a la Luna. Pero la calefacción, como todos los días a esa hora, ya está apagada.

También el joven Jorge está sentado en esa sala. El televisor, uno de los casi dos millones de aparatos en funcionamiento en Argentina, está sintonizado en Canal 13. El noticiero Telenoche mandó a la famosa presentadora Mónica Cahen D'Anvers al Kennedy Space Center de la NASA, en Cabo Cañaveral, Florida, desde donde despegó el cohete Saturno V de la misión Apolo 11, con los astronautas Neil Armstrong, Buzz Aldrin y Michael Collins a bordo. Es un acontecimiento histórico para el mundo entero, y para Argentina lo es todavía más, porque por primera vez el país recibe una retransmisión en directo a través de la flamante estación satelital instalada en la ciudad de Balcarce, un pequeño centro aislado en medio de la vegetación al sudeste de la capital.

Las agujas del reloj marcan ya las diez y cincuenta. La emoción de asistir a ese momento histórico y de poder decir «yo estuve ahí» mantiene despiertos a grandes y chicos, aunque, a esa hora, el Jorge Mario Bergoglio de treinta y dos años hubiera preferido quedarse encerrado en su habitación y meterse enseguida en la cama. En menos de cinco meses será por fin ordenado sacerdote y a la noche prefiere guardar silencio, en oración, preparándose para ese gran acontecimiento de su vida. De hecho, en los días previos a la ordenación, durante un momento de gran intensidad espiritual, escribirá de su puño y letra una profesión de fe. Además, tiene cartas que responder, entre ellas, las de algunos de sus exalumnos del colegio de Santa Fe; un libro de poemas de Friedrich Hölderlin sobre la mesa de luz, y apuntes por repasar. Y le encanta despertarse muy temprano a la mañana.

Pero ver al primer hombre poner un pie en la Luna es una ocasión que no se repetirá. No es casualidad que los principales diarios del país, que salieron al quiosco esa misma mañana, tengan en primera plana grandes titulares dedicados precisamente al alunizaje. No *se oye ni una mosca entre los seminaristas, ni siquiera entre los más parlanchines. Todos guardan silencio para seguir lo que dice la enviada a los Estados Unidos y los comentarios del locutor en el estudio en Buenos Aires.*

¡Fue una noche realmente inolvidable! Estábamos todos ahí, delante de la pantalla en la sala de televisión, siguiendo esas imágenes que llegaban de tan lejos. En efecto, no podíamos perdernos esa cita, con más razón porque contábamos con la suerte de tener un televisor en el colegio, que en esa época era casi un lujo. A pesar de ser una transmisión en blanco y negro, la calidad de la imagen era bastante buena. Fue impresionante ver los pasos de Neil Armstrong sobre el polvo, con el locutor de la televisión argentina traduciendo, en simultáneo, los comentarios en inglés de la CBS, la televisión estadounidense que ofrecía las imágenes en vivo. De hecho, en algún momento se citó en español la frase del astronauta que quedaría para la historia: «Es un pequeño paso para un hombre, pero un gran salto para la humanidad». ¡Qué emoción!

Algunos pibes habían encendido la televisión ya a las tres de la tarde, cuando había comenzado la transmisión en vivo. La retransmisión continuó hasta bien entrada la noche, una maratón ininterrumpida desde primera hora de la tarde. Basta pensar que Armstrong pisó el suelo lunar solo seis horas después del alunizaje, cuando en Argentina ya casi eran las once, y todo el mundo estaba en vilo. Por mi parte, aquel día tenía mucho que hacer y por eso me presenté en la sala como a las diez de la noche, cuando ya estábamos cerca de la llegada. El instante en que el astronauta apoyó el pie en la Luna y poco después, cuando con su compañero Aldrin puso en el suelo lunar la bandera estadounidense, nos dejó a todos con la boca abierta y miramos el reloj para recordar siempre ese momento. ¡Era todo tan increíble!

Por lo demás, en la Argentina los días previos estuvieron marcados por duras polémicas debido a que un desperfecto en el satélite había impedido seguir el lanzamiento del cohete al espacio el 16 de julio; el comienzo de la misión Apolo 11. Por lo tanto, aquella noche había gran expectativa, aunque también miedo a que la transmisión se interrumpiera en la mejor parte.

En el colegio, como en otras partes, no faltaba el típico aguafiestas que, con algo de polémica, había empezado a decir: «Esto es puro chamuyo, ¡son escenas grabadas en un estudio!». Se había abierto un debate sobre lo que el progreso tecnológico era capaz o no de hacer. Por fortuna, uno de los superiores intervino a tiempo y mandó a callar al que estaba hablando. Era un momento demasiado importante para que lo arruinaran así. Creo que aquella noche todos, indistintamente, entendimos que, de algún modo, el mundo había cambiado.

El progreso es fundamental, hay que avanzar siempre, pero debe ir en armonía con la capacidad del ser humano para gestionarlo. Si no es armónico, avanza solo; se transforma en algo inhumano, que no puede gestionarse. Sucedía entonces y sucede ahora, por ejemplo, con la inteligencia artificial, que está cada vez más presente en la vida de todos nosotros y que, si se utiliza de forma equivocada o criminal, puede ser un gran peligro. Pensemos en las *fake news*, que son respaldadas por pruebas falsas creadas expresamente con estas nuevas herramientas tecnológicas. Esto no hace más que plantear nuevas reflexiones y formular cuestiones inéditas. Es necesario un enfoque ético para estas nuevas realidades. No es casualidad que en el pasado yo haya hablado de «algorética», un nuevo campo de estudio que sirve para investigar los procesos de interacción entre los seres humanos y las máquinas, y asegurarse de que tengan lugar siempre dentro del marco del respeto a la persona.

Frente a aquellas imágenes del hombre en la Luna sentíamos estupor; reunidos en comunidad nos sentíamos pequeños frente a la grandeza de todo lo que estaba sucediendo. Lo mismo ocurre cuando pensamos en el espacio. Apenas somos una gotita en la infinidad del universo. ¡Si mañana se descubre que hay otras formas de vida ahí fuera, será solo porque Dios así lo ha querido! La existencia y la inteligibilidad del universo no son fruto del caos o del azar, sino de la sabiduría divina presente, como se lee en el libro de los Proverbios, capítulo 8, versículo 22: «En el principio, ya de antiguo, antes de sus obras».

Siempre hay que perseverar en la búsqueda de la verdad, aceptar con humildad las novedades de los descubrimientos científicos y evitar cometer los errores del pasado. Caminando hacia los confines del conocimiento humano se puede tener una experiencia auténtica del Señor, capaz de colmar nuestro corazón. Nuestro faro son los principios de la doctrina social de la Iglesia, que nos ofrecen una contribución decisiva: justicia, dignidad de la persona, subsidiariedad y solidaridad. Duele cuando los nuevos descubrimientos tecnológicos o científicos se emplean para otros fines. Pensemos en el uso de las nuevas tecnologías en la guerra o en la utilización de los nuevos conocimientos para crear embriones *in vitro* y después eliminarlos, o recurrir a la práctica del vientre de alquiler: una práctica inhumana y cada vez más difundida que amenaza la dignidad del hombre y de la mujer, y donde los chicos son tratados como mercancía.

En este sentido, debemos defender siempre la vida humana, desde la concepción hasta la muerte. No me cansaré nunca de decir que el aborto es un homicidio, un acto criminal, no se puede llamar de otra forma; significa descartar, eliminar una vida humana que no tiene la culpa. Es una derrota para quien lo practica y para quien se convierte en cómplice, ¡asesinos a sueldo, sicarios! ¡Basta de abortos, por favor! Es fundamental defender y promover siempre la objeción de conciencia. ¿Cómo ayudar a estas mujeres? Con la cercanía y la acogida, para que no lleguen a la drástica decisión del aborto, que sin duda no es la solución a sus problemas. Hay que dejar claro que la vida es sagrada, es un don que hemos recibido de Dios y que no puede echarse a perder de esa manera. Mientras siga teniendo voz lo seguiré gritando, lo hago en mis discursos y en mis homilías desde aquel lejano 1969, el año en que me ordenaron sacerdote y el hombre llegó a la Luna.

Después de aquella histórica noche, el mundo no habla de otra cosa. El alunizaje es el tema del momento; los Estados Unidos están de fiesta y Armstrong y Aldrin, junto a su colega Michael Collins, el piloto del módulo de mando Columbia del Apolo 11, son los nuevos héroes. Los chicos empiezan a soñar con ser como ellos, radios y televisiones transmiten ediciones especiales y explicaciones donde se desgranan diferentes teorías, entre ellas también las conspirativas.

Tras la llegada a la Luna, el mundo tiene ahora la mirada en la vuelta a la Tierra de los tres «hombres del espacio», que se quedaron unas dos horas y media en suelo lunar, afuera de la nave. Jorge siente curiosidad por oír los comentarios de su familia, por eso a la mañana siguiente habla por teléfono con su madre y con su abuela para saber si siguieron la transmisión en vivo. Efectivamente, ellas también estaban delante de la tele. Emocionadas y aún incrédulas.

Estos sentimientos afectan también a muchos compañeros del joven Bergoglio. En el colegio se discute la hazaña con detenimiento, el rector colgó en uno de los tablones el mensaje que el papa Pablo VI pronunció la noche anterior desde el observatorio de Castel Gandolfo. Después de haber observado la Luna desde el telescopio, el papa Montini siguió la transmisión televisiva junto al padre Daniel O'Connell, director del Observatorio Astronómico Vaticano. «Aquí, desde su observatorio de Castel Gandolfo, cerca de Roma, les habla a ustedes, astronautas, el papa Pablo VI. ¡Honor, saludos y bendiciones a ustedes, conquistadores de la Luna, pálida luz de nuestras noches y de nuestros sueños! Llevadle a ella, con vuestra viva presencia, la voz del espíritu, el himno a Dios, nuestro Creador y nuestro Padre».

En el comedor, durante el almuerzo, se comentan las palabras del pontífice y las imágenes vistas en la tele. No se habla de fútbol, ni siquiera hay disputas filosóficas o teológicas. El tema del momento es la carrera espacial, la hazaña estadounidense y las reacciones de la Iglesia y del mundo, incluida la de la Unión Soviética.

—Jorge, ¿vos irías a la Luna? —pregunta en broma su vecino de asiento, Andrés, mientras le pasa el plato con los tortellini en caldo de carne.

—¡Ni loco, yo estoy bien acá! Tengo un compromiso importante en unos meses, ¿sabés? —responde Bergoglio con una sonrisa en los labios.

—¡Jorgito por fin va a ser cura! ¡A ver adónde te mandan para la *tercera probación antes de la profesión perpetua!* —añade otro estudiante, Francisco, sentado enfrente.

—*¡El Señor sabrá! Ahora, pensemos en la Luna, que es un tema mucho más interesante...* —corta Jorge, sirviéndole agua a su interlocutor.

De verdad que no se hablaba de otra cosa. Aquello duró meses. Mi preparación para ordenarme sacerdote iba acompañada, por supuesto, de la oración delante del tabernáculo, vivida como una experiencia de rendición incondicional ante el Señor; pero también de los continuos discursos y de las noticias sobre la nueva frontera espacial inaugurada por los estadounidenses.

Después de volver a la Tierra, los tres astronautas tuvieron que guardar cuarentena, y recuerdo que, al finalizar ese periodo a mediados de agosto, recibieron una condecoración del presidente Nixon. Hubo celebraciones en Nueva York, Chicago y Los Ángeles, con desfiles por las calles de esas ciudades. A mediados de octubre de 1969 fueron también al Vaticano y los recibió el papa. Las palabras de Pablo VI aquel día me emocionaron mucho. Dirigiéndose a los astronautas, dijo que el ser humano tiene una tendencia natural a explorar lo desconocido, a conocer el misterio, pero que también le tiene miedo. Y añadió que con su valor habían sido capaces de superar aquel temor, permitiendo que la humanidad diera otro paso hacia un mayor conocimiento del universo.

Tengo que admitir que yo también, quizá inconscientemente, sentía un poco de temor esos días porque me esperaba algo importante, el sacerdocio. No sabía qué pasaría después.

¡Es humano! Con las palabras de Pablo VI grabadas en mi mente, reflexioné mucho sobre el miedo y pensé en Jesús, que les decía siempre a sus discípulos que no tuvieran miedo. Si estamos con Dios y amamos a nuestros hermanos y hermanas, entonces lo que triunfará será el amor; es el sentimiento que, como se lee en el Evangelio de San Juan, expulsa el miedo.

Pensemos en las grandes religiones. No enseñan miedo o división. Enseñan armonía, unión, tolerancia. En cambio, el miedo paraliza las relaciones humanas, amenaza la confianza, alimenta la sospecha hacia el prójimo, hacia lo desconocido, hacia lo diferente. Alguien podrá rebatir: «Pero ¿y qué puedo hacer? ¡Tengo miedo, es más fuerte que yo!». Entonces hay que pedir el don del Espíritu Santo, que nos libra del miedo y abre el corazón. Nos da fuerzas para afrontar las situaciones más difíciles, incluso aquellas desconocidas. Se necesita muy poco y hace bien, porque si seguimos siendo esclavos de los temores, quedamos bloqueados, a la espera de que algo terrible suceda.

Así, rezando intensamente y dándole gracias al Señor por el don que recibía, llegó al fin el día de la ordenación. Fue el 13 de diciembre de 1969, cuatro días antes de mi trigésimo tercer cumpleaños. A la misa en el colegio asistieron todos mis hermanos; mi madre, que al finalizar la ceremonia se arrodilló y me pidió la bendición, y la abuela Rosa, que me miraba con ojos de amor y alegría. Desafortunadamente, papá ya había muerto; se nos fue en 1961, después de sufrir tres infartos: el primero mientras estaba en el estadio con mi hermano Alberto y los otros dos en los días sucesivos. Por desgracia, tampoco estaba presente don Enrico Pozzoli, también él nos dejó el mismo año que papá. Dos pérdidas enormes para mí.

En lo que respecta a la abuela, estaba convencida de que no llegaría con vida a aquel día, así que dos años antes, en 1967, me escribió una carta muy bonita, un poco en italiano y un poco en castellano, y dejó estipulado que se me entregara el día de mi ordenación junto a su regalo: una caja con todo lo necesario para la unción de los enfermos. Pero sí estuvo presente el día de mi ordenación, ¡y tanto! Aún conservo con cariño aquella cartita, junto a su testamento y a un poema de Nino Costa, "Rassa Nostrana", entre las páginas de mi breviario, que abro todas las mañanas.

Escribía la abuela Rosa: «En este precioso día en que el podés tener en tus manos consagradas al Cristo Salvador y en el que se te abre un largo camino para el apostolado más profundo, te entrego este regalito de escaso valor material, pero inmenso valor espiritual».

La abuela murió cinco años después, en 1974, y como herencia nos dejó a todos los nietos unas preciosas palabras que suelo releer en los momentos más difíciles, incluso ahora que soy papa: «Si un día el dolor, la enfermedad o la pérdida de una persona querida los llena de aflicción, recuerden siempre que un suspiro ante el sagrario, donde se custodia al mártir más grande y augusto, y una mirada a María a los pies de la cruz pueden verter una gota de bálsamo sobre las heridas más profundas y dolorosas», escribió.

¡De verdad, qué gran mujer! Su corazón, como el de tantos ancianos y ancianas, era para mí como una fuente de la que manaba el agua viva de la fe que me quitó la sed. Transmitía el Evangelio a través de la ternura, el cuidado y la sabiduría. Así es como nace la fe: se transmite con un dulce canto dialectal, en un clima familiar, en la lengua materna. Los abuelos y las abuelas son una inestimable fuente que hay que cuidar y custodiar, y no simplemente dejar en un asilo. No pueden ser considerados desechos, no pueden ser tratados como una carga. Les debemos todo. Nos han hecho crecer, nos han dado el pan quitándoselo ellos de la boca; nos han hecho ser lo que somos, animándonos y apoyándonos siempre.

Por otra parte, incluso en las mejores familias puede ocurrir que cuando el abuelo o la abuela se convierten en un estorbo o se vuelven quejumbrosos por la edad, acaban de cabeza en una residencia y ahí los abandonan. Pero estoy seguro de que, aunque los dejen abandonados y tirados, ellos siguen rezando por sus hijos y sus nietos. Permanecen siempre a nuestro lado, incluso cuando ya no están. También yo, en los momentos más difíciles, siento la cercanía de mi abuela, como la sentí durante los años más difíciles para la Argentina, los más oscuros de la dictadura.

VI

EL GOLPE DE VIDELA
EN ARGENTINA

Un grupo de jóvenes curas en mangas de camisa entran y salen del colegio desde hace una hora. Llevan cajas, muebles, ficheros, libros y muchos objetos sagrados, hasta ahora utilizados en la curia provincial de los jesuitas. Hace mucho calor; es 24 de marzo de 1976 y la temporada otoñal apenas comienza. Por las calles de San Miguel, en el Gran Buenos Aires, se vive el día a día; una vida que se ha vuelto silenciosa porque, desde hace más o menos un año, la gente se acostumbró a ese clima de sospecha y violencia indiscriminada que golpeó a diferentes sectores de la sociedad. Los que siembran el terror son grupos paramilitares de extrema derecha, próximos a ciertos miembros del gobierno de Isabelita Perón. En el punto de mira se encuentran algunos sacerdotes y obispos que trabajan en estrecho contacto con los pobres, sospechosos por eso de ser subversivos. Pero el blanco está puesto en la espalda de cualquiera que apoye, más o menos activamente, la ideología comunista.

El superior de los jesuitas argentinos, el padre Bergoglio, de treinta y nueve años, llamado a dirigir la provincia argentina de la Compañía de Jesús desde hace casi tres, sostiene en sus manos una caja muy pesada cargada de documentos. En compañía de aquel voluntarioso grupo de sacerdotes, el padre Jorge está terminando el traslado de las oficinas de la curia al Colegio Máximo de San Miguel, donde estudió y más tarde empezó a dar clase hasta convertirse en rector. Su decisión de trasladar allí el cuartel general de los jesuitas argentinos va ligada a la voluntad de sanear las cuentas y al crecimiento de las vocaciones, que aumentan cada año. Bergoglio considera que también él, en calidad de provincial, debe estar en estrecho contacto con los formadores y con los futuros miembros de la Compañía.

El grupo de jesuitas, ocupado en trasladar las cajas de la furgoneta al colegio, es ajeno a lo que ocurre en ese preciso momento en el corazón de Buenos Aires: las fuerzas armadas derrocaron al gobierno de Perón y una junta militar de corte neoliberal subió al poder. El general Jorge Rafael Videla, que dirige el golpe de Estado, pronto jurará como presidente de la Argentina, acompañado por el jefe de la Marina, el almirante Emilio Massera, y por el jefe de las Fuerzas Aéreas, el general Orlando Ramón Agosti. Se desata el caos. Se suspende la Constitución, se disuelve el Parlamento, se proclama la ley marcial. Radios y televisoras son ocupadas, los tanques salen a las calles. A cualquiera que se lo considere mínimamente sospechoso de ser un subversivo de izquierdas o cercano a los ambientes populistas o sindicales no alineados es secuestrado y después torturado en secreto por los militares, que recorren las calles a bordo de coches verdes sin matrícula, los infames Ford Falcon.

Durante el régimen, decenas de miles de personas son desaparecidas. Principalmente, jóvenes a los que, tras meses de torturas, asesinan o arrojan desde helicópteros o aviones militares al océano, que se los traga aún vivos, a veces bajo los efectos de las drogas; son los llamados «vuelos de la muerte». Sus hijos son secuestrados y dados en adopción a familias afines al régimen. Muchísimas personas se ven

*obligadas a abandonar el país, mientras los prisioneros políticos son
ejecutados. Se trata de la llamada «guerra sucia».*

*Ese caluroso día de otoño, algunas patrullas del ejército llegan
también a San Miguel y bordean el colegio de los jesuitas. Al padre
Jorge no le sorprende en absoluto verlas rondar por ahí. Sabe perfectamente que a los curas les echaron el ojo porque a muchos «curas
villeros», los sacerdotes que trabajan en los barrios populares, se los
considera simpatizantes de la ideología comunista y, por lo tanto, una
amenaza para el «proceso de reorganización nacional». Los militares
notan un sospechoso ir y venir de cajas desde la furgoneta al colegio,
así que deciden acercarse.*

Estábamos tan tranquilos, haciendo la mudanza de la curia provincial al Colegio Máximo, sin imaginarnos siquiera que justo a
esas horas el Gobierno estaba siendo derrocado por los militares
con un golpe que le cambiaría la cara a la Argentina. Al ver todas
las cajas, los militares se acercaron y empezaron a hacer preguntas. Querían saber qué estábamos haciendo, por qué estábamos
ahí, qué había en aquellos paquetes, etcétera.

Quizá al principio pensaran que estábamos preparándonos
para escapar, o a lo mejor que queríamos hacer desaparecer algo
comprometedor ante la noticia del cambio de gobierno. Pero
nosotros en verdad no sabíamos nada, ¡simplemente estábamos haciendo nuestro trabajo con tranquilidad! Le expliqué al
jefe de la patrulla que yo era el provincial de los jesuitas y que
se trataba de una simple mudanza. Tras varios minutos se con-
vencieron y, por suerte, se fueron. No fueron momentos fáciles,
el peligro seguía acechando a la vuelta de la esquina, entre otras

cosas, porque sabía que acosaban a ciertos sectores de la Iglesia, mientras que otros, los que se habían alineado con el régimen, gozaban de total libertad.

Había percibido este problema claramente en 1973, cuando conocí a monseñor Enrique Angelelli, obispo de La Rioja, a miles de kilómetros de la capital argentina, donde el acoso a la Iglesia más cercana a los pobres era más cruel que el que sufríamos en nuestra zona. Este santo pastor vivía para los pobres y para los campesinos explotados por los latifundistas. Había acabado en el punto de mira de los militares por luchar al lado de los explotados y por su labor junto a ellos, que desarrollaba cuidadosamente a raíz del Concilio Vaticano II.

Hay quienes acusaron a monseñor Angelelli, así como a monseñor Óscar Romero, el arzobispo de San Salvador asesinado en 1980 mientras celebraba misa en la capilla de un hospital, de ser curas que interpretaban el Evangelio con una hermenéutica marxista, abrazando por tanto la teología de la liberación, que se inspiraba en ideologías políticas de izquierda. ¡Es falso! La elección de estos y de otros pastores latinoamericanos, así como de tantos otros sacerdotes del sur global, se remitía al concilio, que reformuló la definición de la Iglesia como pueblo de Dios. Un concepto que luego se reforzó también en la Segunda Conferencia General del Episcopado Latinoamericano en Medellín, en 1968: una Iglesia que elige el cuidado de las personas pobres y se une a las clases populares, valorando su historia y su cultura; una Iglesia que difunde el Evangelio desde una perspectiva cristiana y no de corte político.

En cambio, la labor de Angelelli con los pobres era considerada subversiva y por eso él también acabó en el punto de mira de la dictadura, que etiquetaba automáticamente de «comunista» a todo aquel que trabajara con aquellos sectores de la sociedad. El obispo sabía que querían arrasar con todo a su alrededor y por eso, unos años después, en 1975, cuando entendió que tenía encima a los servicios secretos, me pidió que escondiera en el Colegio Máximo a tres de sus seminaristas. Los mantuve a salvo en el colegio durante un buen tiempo, con la excusa de que era un periodo de ejercicios espirituales.

Angelelli, que había informado al nuncio apostólico de la Argentina, monseñor Pio Laghi, de las amenazas de muerte recibidas, fue asesinado el 4 de agosto de 1976, mientras iba al volante de su auto en compañía de Arturo Pinto, otro sacerdote, que se salvó porque lo creyeron muerto. El automóvil en que viajaban recibió un golpe lateral y cayó por un barranco. Ese mismo día, el caso quedó archivado como accidente de tráfico. Lo que más me dolió fue que el entonces arzobispo de Buenos Aires, el cardenal Juan Carlos Aramburu, aceptó la versión que había dado el régimen. ¡Pero eran tiempos difíciles para la Iglesia! Recién en julio de 2014 identificaron a los autores intelectuales del homicidio, dos exmilitares que colaboraban con el régimen, y los condenaron a cadena perpetua.

Con el tiempo, aquellos tres seminaristas de La Rioja me ayudaron a acoger a otros jóvenes que, como ellos, estaban en peligro; al menos una veintena en dos años, a los que se les presentaba como estudiantes de cursos religiosos o como participantes de retiros espirituales. Pero eran años terribles, con tantas situaciones difíciles de resolver. Por ejemplo, creo que los servicios secretos me vigilaban y me las arreglaba como podía para despistarlos cuando hablaba por teléfono o cuando escribía alguna carta. Les pedía a los jóvenes jesuitas del colegio que no salieran después de la puesta de sol y nunca solos, siempre en grupo; de ese modo sería más difícil que se los llevaran. Además, les prohibía hablar de política cuando conversaran con otros sacerdotes, ya fuera en el refectorio o en los recreos; sobre todo, con los capellanes militares. No todos eran fieles a la Iglesia, ¡creo que incluso algunos de ellos se encontraban dentro de nuestro colegio! No es de extrañar que se produjeran redadas nocturnas en la casa de los novicios, en Villa Barilari, aunque logramos sortearlas sin problemas.

Por la misma época, me presentaron el caso de otro chico que necesitaba escaparse de la Argentina. Me di cuenta de que se parecía a mí y así conseguí hacer que escapara vestido de cura y con mi carné de identidad. Aquella vez realmente me la jugué porque, de haberlo descubierto, sin duda lo hubieran matado y luego habrían venido por mí.

Recuerdo también la historia de una pareja de catequistas, Sergio y Ana, que vivían con su hijita con los pobres. Los había conocido antes de hacerme sacerdote e iba a verlos seguido. Una familia muy católica, para nada comunista ni subversiva, pero que fue calumniada por la policía secreta. A Sergio se lo llevaron de repente y lo torturaron durante varios días. Hice de todo para que lo liberaran y finalmente lo logré gracias a la intervención del cónsul italiano Enrico Calamai, un gran hombre que salvó a muchísima gente.

Tengo que admitir que yo también fui víctima de calumnias en lo que respecta a esos años de dictadura. Me acusaron de haber entregado al régimen a dos jesuitas que trabajaban en una barriada de Bajo Flores, el padre Orlando Yorio y el padre Francisco Jalics. Los dos curas estaban fundando una congregación religiosa y, como provincial, les advertí, en nombre del padre general, que eso significaría su salida de la Compañía de Jesús. Lo cual ocurrió al cabo de un año.

Además, les aconsejé que dejaran provisionalmente la villa, porque había rumores de que los militares podrían hacer una redada para llevárselos. Les ofrecí también alojarlos en nuestro colegio, por si lo necesitaban, pero decidieron quedarse con los pobres y en mayo de 1976 los secuestraron. Hice todo lo que estaba en mis manos para que los liberaran: fui un par de veces a buscar al almirante Massera, porque decían que a los dos cofrades los habían apresado los de la Marina. En una ocasión conseguí hablar incluso con el general Videla, tras celebrar, gracias a una artimaña, una misa en su casa un sábado por la tarde. Al día siguiente, le conté todo al padre general, Pedro Arrupe, que vivía en Roma. Lo llamé desde un teléfono público en la avenida Corrientes.

La avenida está particularmente transitada ese domingo por la mañana. A pesar de los puestos de control y del continuo rugir de los autos verdes de la policía federal, las familias tratan de vivir la calma de un día festivo. En el aire se respira el miedo a ser detenidos de repente por una patrulla, a ser registrados en la calle, de espaldas a la pared o, peor aún, a ser golpeados.

El padre Jorge celebró la misa muy temprano en el colegio y luego salió sin llamar demasiado la atención. Tomó el colectivo para llegar a la avenida Corrientes, esa calle céntrica de Buenos Aires donde suele utilizar un teléfono público para hacer las llamadas más delicadas. No quiere que escuchen sus conversaciones, teme que los teléfonos de la curia estén pinchados. Mientras va en el colectivo, reza el santo rosario, pero acaba escuchando las conversaciones en susurro de otros pasajeros: madres que lloran lu desaparición de sus hijos, jóvenes que quisieran protestar ante la crueldad del régimen.

Durante el trayecto, el jesuita se pierde en la oración. Con los ojos cerrados, reza por los dos cofrades que siguen en manos de los militares, mientras la voz del conductor del colectivo anuncia su parada; casi se olvida de bajar. El padre Jorge mira a su alrededor. Un auto con altoparlantes instruye a los ciudadanos sobre cómo deben comportarse en caso de control policial. Las patrullas se pasean por la vereda, vigilan los negocios. Los hombres del régimen, vestidos de civil, se sientan al fondo de las iglesias a escuchar las homilías de los curas.

El padre Jorge mete las fichas en el teléfono y marca el número.

—Padre general, soy Bergoglio...

—Jorge, qué alegría oírte, ¿qué noticias me traes?

—Ayer por la tarde pude ver a Videla... —susurra el joven provincial, temiendo que alguna patrulla pueda oírlo.

—¿Cómo hiciste? —pregunta con curiosidad el padre Arrupe.

—Convencí al capellán militar que normalmente celebra la misa en casa de Videla para que dijera que se había enfermado, así que lo sustituí. Me presenté y celebré en su residencia. Después de la misa hablé con él. Videla me dijo que pondrá más empeño en resolver el caso... Esperemos que así sea.

El padre Jorge informa al general de los jesuitas de todas las novedades. Cada vez que hay una noticia sobre el paradero de los dos padres capturados, lo pone al día desde ese teléfono público lejos de la curia. Hasta que un día, cinco meses después del secuestro, es el padre Bergoglio quien recibe una llamada inesperada en el colegio.

Es el padre Yorio en persona, que le anuncia llorando su liberación.

Lo durmieron y luego lo dejaron, junto al padre Jalics, en un campo en Cañuelas, a una hora en auto del centro de Buenos Aires. Tras meses de violencia y humillaciones, los dos curas han sido finalmente liberados. El padre Jorge les hace llegar, a través de la nunciatura apostólica, una cobertura diplomática y luego organiza su salida del país: Jalics logra reunirse con su madre en los Estados Unidos, mientras que Yorio es enviado a Roma a estudiar Derecho Canónico.

Con el paso de los meses, el padre Jorge sigue de cerca otros casos de desaparecidos y mantiene abierto un canal con el nuncio apostólico. También debe ocuparse de asuntos menos relevantes, pero igualmente necesarios, como los chicos de los barrios cercanos, que no reciben cuidado pastoral ni educación adecuada. Así que los sábados a la tarde les organiza la catequesis y algún que otro partido de fútbol. La cercanía con esos nenes le cuesta al provincial la acusación interna de haber salesianizado la formación de la Compañía de Jesús.

Obviamente, tiene que pensar también en sus sacerdotes, tanto en su salud espiritual como en la física. El domingo es el día de descanso del cocinero y es el mismo provincial quien prepara la comida y la cena para los estudiantes. Aprendió a cocinar de la abuela Rosa y de su madre que, después de que naciera María Elena, les pedía a sus hijos mayores que le ayudaran a preparar la comida y les dejaba todos los ingredientes listos sobre la mesa.

Asimismo, recibió algunos consejos culinarios de Esther, que un día volvió a contactar por teléfono a su exayudante del laboratorio de química.

A pesar de los compromisos de ambos, nos veíamos seguido, incluso en aquellos años. Iba a verla a su casa cuando podía, a cenar o a tomar un café a la tarde. La seguía queriendo. Al fin y al cabo, ¡ella me había enseñado a pensar! Estuve a su lado en los momentos más duros: en septiembre de 1976 los militares secuestraron a su yerno y, al año siguiente, se llevaron también a su hija Ana María, de dieciséis años, que estaba embarazada. Toda la familia estaba bajo vigilancia porque el régimen conocía muy bien la historia de aquella mujer comunista y su compromiso político.

Aquel día recibí una llamada suya muy rara. Con una voz diferente de la habitual me dijo: «Escuchá, Jorge, mi suegra Edelmira se nos va, ¿podés venir a darle la extremaunción?». Algo no cuadraba. Tanto ella como su familia eran ateos y, aunque su suegra fuera creyente, me percaté de que había algo más, algo que mi amiga no podía decirme por teléfono. Llegué a su casa llevando conmigo, por seguridad, lo necesario para la unción de los enfermos que me había regalado mi abuela. Llamé a la puerta y me abrió, cerrando rápidamente tras de mí, ya que temía que me hubieran seguido.

Fui al grano.

—¿Qué pasa, Esther?

Ella respondió de inmediato.

—Jorge, me tienen echado el ojo, me están vigilando. Si entran a casa y encuentran todos estos libros, se acabó.

En resumen, me pidió que escondiera todos esos tomos. Había muchos volúmenes sobre pensamiento marxista, tomos de filosofía y otros textos que, de encontrarlos el régimen, los habría destruido. En los días sucesivos conseguí organizarme. Me los llevé y los guardé en la biblioteca del colegio, entre otros muchos lugares.

Ana María fue liberada tras cuatro meses de cautiverio y Esther decidió llevársela con sus dos hijas mayores a Suecia, donde muchos argentinos habían encontrado refugio. Una de las tres hermanas aún vive ahí; las otras dos volvieron más tarde a la Argentina, las vi hace unos años.

Tras salvar a las chicas, Esther volvió a la Argentina. Fue una de las pocas Madres de Plaza de Mayo que siguió formando parte del movimiento incluso después de haber encontrado a su hija. Seguía preocupada, y con razón. Protestaba con el grupo de las Madres de Plaza de Mayo todos los jueves a la tarde; a ninguna le faltaba el pañuelo blanco en la cabeza. Pero entre ellas se había infiltrado un joven con cara angelical, Alfredo Astiz, oficial de la Marina bajo las órdenes del almirante Massera. El joven se había presentado con el nombre ficticio de Gustavo, haciéndose pasar por el hermano de un desaparecido. En poco tiempo se ganó la confianza del grupo, que se reunía en la iglesia de Santa Cruz. Escuchaba sus conversaciones y tenía acceso a sus secretos. En diciembre de 1977, en el día estipulado para una operación policial, Astiz dio la señal y aparecieron en la iglesia los escuadrones del régimen para llevarse a algunas de esas mujeres, que salían de una reunión contra el gobierno militar. Se llevaron a Esther junto con María Ponce de Bianco, otra fundadora de las Madres de Plaza de Mayo, y dos monjas francesas, Alice Domon y Léonie Duquet. Por lo que supe, mi amiga fue torturada y luego arrojada desde un avión. Qué final más horrible. Con otros chicos secuestrados, yo había logrado hacer algo, les había sido de utilidad; sin embargo, con Esther, con su amiga y con las dos monjas no conseguí nada, a pesar de mucho insistir a quien seguramente podría haber intervenido. Quizá no hice lo suficiente por ellas.

Solo en 2005, gracias a las pruebas de ADN, se confirmó el hallazgo de sus restos mortales junto con los de María Ponce de Blanco, la otra fundadora. En aquella época yo era arzobispo de Buenos Aires, así que autoricé su sepultura en el jardín de la iglesia donde habían sido secuestradas. Era lo mínimo que podía hacer.

De todos modos, las acusaciones en mi contra siguieron hasta hace poco. Era la venganza de algún rival que sin embargo sabía cuánto me opuse a aquellas atrocidades. Más tarde, unos testigos que antes habían permanecido en silencio, y gracias también al trabajo de unos periodistas, se decidieron a contar la verdad y así las acusaciones se vinieron abajo.

El 8 de noviembre de 2010 fui interrogado como persona conocedora de los hechos en el juicio por los crímenes cometidos durante el régimen. Alguien seguía intentando hacer recaer sobre mí la acusación de connivencia con la junta militar. El interrogatorio, en la sede del arzobispado, duró cuatro horas y diez minutos. Los abogados de las asociaciones de derechos humanos y de los familiares de las víctimas me sometieron a una ráfaga de preguntas. Había tres jueces: el presidente, que estaba muy tranquilo, uno que estaba siempre callado y otro que, en cambio, atacaba. Durante el interrogatorio mencionaron incluso el cónclave de 2005, que tuvo lugar tras la muerte de Juan Pablo II, suponiendo que alguien en el Vaticano hubiese difundido unos informes sobre mí, en los que se alimentaban sospechas sobre mi conducta durante el régimen de Videla, con el objetivo de mancillar mi nombre y dificultar así mi posible elección. Todo inventado: no hubo informes ni sobre mí ni sobre otros cardenales electores.

En cualquier caso, el interrogatorio fue grabado y al final me informaron de que no había nada en mi contra y que era inocente. Volví a encontrarme con uno de aquellos jueces dos veces en el Vaticano: la primera, estaba con otras personas, pero había pasado mucho tiempo desde que lo vi en el juicio, así que no lo reconocí; la segunda vez me pidió cita y se la concedí con mucho gusto. Más tarde, algunas personas me confiaron que el gobierno argentino de entonces había intentado por todos los medios echarme la soga al cuello, pero que al final no encontraron pruebas porque estaba limpio.

Recé mucho al Señor durante aquellos años del régimen, recé sobre todo para que diera paz a los que vivían en sus propias carnes la violencia y las humillaciones. La dictadura es algo diabólico, lo vi con mis propios ojos, viví momentos de gran desasosiego, con miedo a que pudiera ocurrirles algo a mis cofrades más jóvenes. ¡Fue un genocidio generacional!

Por fortuna, aquella pesadilla terminó a principios de los ochenta y, con las elecciones democráticas de octubre de 1983, las cosas cambiaron para la Argentina. También cambiaron para mí. Tras la experiencia como provincial, en 1980 volví a San Miguel como párroco y rector del Colegio Máximo de San José. Hasta mi traslado a Alemania, en 1986, para una estancia de estudios.

VII

LA MANO DE DIOS

«Maradona, Maradona, el increíble gol de Maradona pone a la Argentina sobre Inglaterra, con un uno a cero en el minuto cincuenta y uno en estos cuartos de final... Pero los ingleses le protestan al árbitro... Se señalan la mano..., aunque el gol ha sido convalidado. Tendremos que esperar a la cámara lenta para entender qué pasó... Veamos... Efectivamente, parece que golpea la pelota con el puño y no con la cabeza... Mientras tanto, Maradona festeja con el puño en alto... ¡Increíble!».

Las ovaciones por el gol se oyen solo a través de la televisión encendida del salón. De puertas para afuera, reina el silencio; ninguna explosión de alegría, ningún festejo. En la calle, la más absoluta indiferencia. Por otra parte, los alemanes ya tuvieron su dosis de emociones fuertes el día anterior, cuando Alemania Occidental, en cuartos de final, le ganó por penales a México, el equipo anfitrión, y lo eliminó del Mundial.

Uno de los pocos televisores sintonizados para ver el partido, que transmitió el gol de Maradona, es el de los Schmidt, la familia alemana que aloja al padre Jorge en Boppard, una pequeña ciudad a una hora en auto de la capital, Bonn. Con cuarenta y nueve años, lo mandaron en un viaje de estudios con el fin de perfeccionar su alemán y en busca de material para terminar su tesis doctoral, que está escribiendo sobre el teólogo Romano Guardini.

Es 22 de junio de 1986. Jorge, un auténtico apasionado del fútbol, no se perdería por nada del mundo un partido con el «Pibe de Oro». Con el número diez en la camiseta, junto a Burruchaga y Valdano, Maradona está haciendo soñar a millones de argentinos. El sacerdote jesuita, debido a una serie de compromisos imprevistos, se ve obligado a seguir con sus libros, lejos de la tele. Por su parte, la pareja de médicos que lo hospeda está siguiendo el partido, a pesar de que la mesa ya está puesta para la cena. Como tantos otros alemanes, ellos tampoco parecen muy interesados en ese partido que, sin embargo, está regalando grandes emociones. Sintonizaron el encuentro simplemente por cariño a su inquilino y lo siguen viendo para poder contarle después cómo terminó.

Tras el primer gol del capitán, el segundo tiempo tiene a todo el mundo con el corazón en la mano. Pero el sufrimiento dura poco: en el minuto cincuenta y cinco, Maradona elude a cinco adversarios con una galopada fulminante desde mitad de cancha y marca el que pasará a la historia como «el gol del siglo». Dos a cero para Argentina. La semifinal parece cada vez más cerca. Esta vez el señor Schmidt aplaude complacido y se le dibuja una sonrisa en el rostro al pensar en el padre Jorge.

En las tribunas del estadio Azteca de la Ciudad de México no paran las ovaciones. Hay unos ciento catorce mil asistentes, pero lo que más se oye son los silbidos de los hinchas ingleses: piensan que les robaron con ese primer gol, que consideran irregular. La tensión entre ambos equipos ya era alta, incluso antes de salir al campo: a su rivalidad histórica se sumaba la herida aún abierta de la guerra de 1982, tras la *toma argentina de las islas Malvinas. Y para terminar de descolocar a los ingleses, en el minuto seis de la segunda parte, este baldazo de agua fría firmado por Maradona.*

No es casualidad que el campeón siga siendo el centro de atención una vez finalizado el partido. Frente a las cámaras de televisión, besa su camiseta. Poco después, rodeado de micrófonos, declara que ese gol tan controvertido fue anotado «un poco con la cabeza de Maradona y un poco con la mano de Dios».

En los primeros instantes, no se entendía que ese gol pudiera ser irregular. Sin embargo, de inmediato los futbolistas ingleses empezaron a quejarse con el árbitro diciendo que Maradona le había pegado a la pelota con la mano. Después, con la repetición, todo el mundo se dio cuenta de que había usado el puño más que la cabeza. El árbitro, un tunecino, no se percató y dio por bueno el tanto.

Hubo polémica para rato. Desde la Argentina me contaban que en la prensa solo se hablaba del gol, aunque la foto estaba en las portadas de todo el mundo, acompañada de la frase que el campeón pronunció al finalizar el partido. Hace unos años, recibí a Maradona en el Vaticano y hablamos de un montón de temas, entre ellos, la paz. Finalmente, antes de que se fuera, le hice también un chiste: «Y entonces, ¿cuál es la mano incriminada?».

Tengo que admitirlo, en la cancha era un gran poeta, metió goles que hicieron historia, como el segundo de ese partido, que no en vano rebautizaron «el gol del siglo». Pero esta seguridad suya con la pelota escondía una gran fragilidad en su día a día. Lo vimos incluso en sus últimos años de vida, con todos esos problemas que, sin duda, entristecieron tanto a los hinchas argentinos como a los italianos, que lo conocen y lo siguen queriendo por su pasado glorioso en el Nápoles.

Seguí los partidos del Mundial de 1986, salvo cuando estaba ocupado o cuando deliberadamente prefería mantenerme apartado de la tele. En aquella época iba al Instituto Goethe de Boppard, una pequeña ciudad de quince mil habitantes. A los estudiantes se nos daba la posibilidad de vivir en casa de algunas familias que nos daban alojamiento. Entre ellas, se encontraba una pareja de médicos, los Schmidt —él homeópata, ella médica tradicional—, que vivían solos porque sus hijos eran ya adultos y se habían casado. Más que dinero, Helma y su marido buscaban un poco de compañía. Por otra parte, eran buenos católicos; ella asistía todas las tardes a la misa que celebraba en mi habitación. De vez en cuando, me invitaban también a cenar y hablábamos de todo: desde actualidad hasta política, pasando por el deporte. Eran momentos agradables que aún recuerdo con gran cariño.

Cuando llegó el día de la final, que Argentina disputaba justo con Alemania Occidental el 29 de junio, tomé la decisión de no seguir el partido. Preferí salir a pasear cerca del río Rin, no muy lejos de la casa de esa pareja tan amable. Había querido reservarme un momento para mí, para reflexionar sobre mi vida, para rezar el rosario y, como cada noche, para darle gracias al Señor por todo lo que me había dado, ahora que llegaba al umbral de los cincuenta.

Al volver a casa, el señor Schmidt, fanático de Alemania, me dijo con cierto toque de amargura: «Parece que van a ser campeones...». Íbamos ganando dos a cero. Le di las gracias por la noticia y me fui a la cama en lugar de quedarme a ver cómo terminaba. Tenía razón: a la mañana siguiente, nada más despertar, leí en un periódico que habíamos ganado el Mundial por tres a dos, ¡y Maradona había levantado la copa sobre los hombros de sus compañeros de equipo!

Más tarde, en el instituto, una compañera japonesa, originaria de Sapporo, me recibió con entusiasmo: «¡Son campeones, son campeones!», me dijo delante de todo el mundo. Pero la clase se quedó en silencio, todos callados, como muertos. Había estudiantes ingleses y puedo entender su reacción, aunque también había un montón de franceses e italianos. Entonces, la compañera japonesa fue hasta la pizarra y escribió grande: «¡VIVA ARGENTINA!». Yo estaba muy contento, pero sabía que dentro de poco llegaría la profesora, una excelente maestra que me enseñó mucho, pero que se jactaba de haberse casado tres veces y de tener hijos repartidos por aquí y por allá. ¡A lo mejor se creía moderna!

«Bórralo», le ordenó a mi compañera apenas vio el mensaje. Al parecer, en aquel prestigioso instituto alemán la etiqueta se respetaba sin excepción alguna. Quizá por eso los demás estudiantes no me dijeron ni mu. Me gusta pensar que fue así, aunque en esos momentos me sentí realmente solo, casi un extraño. Me habían enviado a un lugar que no conocía y sentía mucha nostalgia de mi hogar, de mi Argentina.

A pesar de no poder compartir aquella alegría plenamente, fue muy emocionante, ¡éramos campeones del mundo! Me vino a la cabeza el Campeonato de Primera División de 1946, una temporada extraordinaria que ganó nuestro San Lorenzo. En aquella época yo era un niño, pero aún recuerdo que cuando nuestros «tres mosqueteros» levantaron la copa, ¡nos sentimos grandes!

En aquellos partidos, como suele pasar, los aficionados arremetían contra el árbitro, aunque también lo hacían muchos jugadores, que le gritaban: «¡Vendido!». Pero una vez terminado el partido, se daban la mano y todos amigos. Este debe ser el sentido del deporte: lo primero de todo la competencia, pero sana y honesta; y luego la nobleza de abrazarse. Así me lo enseñaron los salesianos.

Además, no olvidemos que el deporte dignifica así si se juegue en la calle, con una pelota de trapo, como hacía yo de chico. Debemos asegurarnos de que el espíritu deportivo crezca en este sentido, ¡que es el más sencillo y sano! Me viene a la cabeza una película de 1948, titulada *Pelota de trapo*, del director Leopoldo Torres Ríos, uno de los pioneros del cine argentino. La vi de adolescente. Cuenta la historia de un grupo de chicos que juega al fútbol en la calle y se divierte con lo que tiene, a pesar de soñar con jugar algún día con un auténtico balón de cuero. Don Bosco decía que si se quería reunir a los chicos bastaba con poner una pelota en la calle, aunque fuera de trapo. ¡Los pibes vendrán como las moscas a la miel!

Pues bien, aun en su sencillez, el deporte puede salvar de la degradación, animar frente al estrés familiar y, sobre todo en la periferia, servirles a los jóvenes que sufren situaciones difíciles como una válvula de escape que les ayude a superar las tensiones, sacándolas con una buena patada al balón. Los oratorios también se crearon para esto: para salvar a muchos jóvenes de la calle y ofrecerles una alternativa a formas de delincuencia con las que podrían toparse durante la adolescencia. Es una bendición poder practicar deporte así, genuinamente, porque es algo noble. Las actividades deportivas tienen que ser gratuitas, por eso me alegra mucho ver que la gente se entusiasma con un partido, con un gol, con una victoria, siempre que no se pierda esa dimensión de *amateur*. Hay que practicar deporte por pasión, para divertirse, vivirlo como un juego. Es verdad que ahora hay aspectos más comerciales que afectan al mundo deportivo competitivo y profesional, como los patrocinadores, pero no tiene nada de malo si se hace con moderación y ética. Lo importante es que no prevalezcan lógicas perversas ligadas al dinero, que poco tienen que ver con el espíritu deportivo.

La clase de alemán terminó antes de lo habitual. La profesora tuvo un contratiempo y, disculpándose con los alumnos, se fue, asegurando que recuperarían al día siguiente. Tras despedirse de sus compañeros, el padre Jorge decide aprovechar esos treinta minutos extra y, en lugar de irse directamente a casa, donde lo espera Helma para la misa vespertina, se dirige de nuevo hacia el río, donde estuvo la noche anterior, para rezar el rosario. Aunque muchos ciudadanos amargados por el segundo puesto quitaron ya a los adornos, en los balcones y en las ventanas aún se ven algunas banderas alemanas. Es todo lo que queda del ambiente mundialista. Hay quien recogió las banderas para llevarlas a Bonn, donde los hinchas esperan para recibir a la selección a su vuelta de México. Las cintas, así como las trompetas y las camisetas de los campeones, ya están desapareciendo de las vidrieras de los negocios. La desilusión es enorme, tenían la copa a un paso; pero en aquella pequeña ciudad de provincia inmersa en la vegetación la vida continúa.

Dos chicos rubísimos van de paseo con su mamá. Los dos tienen colita —está muy de moda, sobre todo entre los más chicos— y llevan la camiseta de la selección. Juegan con una pelotita amarilla de go-

maespuma y en sus brazos sigue el dibujo de la bandera alemana que les hizo el papá antes de la final.

—Yo soy Rummenigge —dice el mayor— y tú eres Matthäus, ¿vale? —añade, tocándole el hombro a su hermanito.

—Y yo, que soy argentino, ¿quién puedo ser? —añade el padre Jorge con una sonrisa, después de escuchar al chico fantasear con sus futbolistas favoritos.

Los dos hermanitos no se lo toman bien. El mayor le saca la lengua y el más chico sigue su ejemplo. La madre, un poco incómoda, se ve obligada a disculparse con ese sacerdote con que se cruzaron por casualidad.

—No se preocupe, señora, ¡eso quiere decir que se preocupan por su patria! ¡Quizá de mayores sean unos excelentes futbolistas! —le responde cariñosamente el padre Jorge, sacando de la billetera dos estampillas, una para cada niño, mientras sigue hacia su destino.

Al llegar a la rambla del río, en medio de una larga fila de mesitas asaltadas por turistas y residentes que disfrutan de una tranquila tarde de viento, se fija en un teléfono público. Le gustaría llamar a su hermana María Elena, pero sabe que a esa hora seguramente no estará en casa. Entonces piensa en sus amigos de Buenos Aires, que sin duda estarán celebrando la victoria de la Copa del Mundo.

Pero antes de acercarse, revisa su reloj plástico de pulsera. No le gustaría llegar tarde a su cita con Helma. Sabe perfectamente que, antes de la cena, ella y su marido se consagran al piano, y un retraso podría descalabrar sus planes. Por fortuna, dispone de unos minutos para una rápida llamada.

Levanta el auricular, inserta la tarjeta telefónica que compró en un quiosco y llama a su viejo amigo Óscar, con el que siempre tuvo una relación muy estrecha, desde los tiempos del instituto industrial.

—¿Cómo estás? ¿Viste ayer la final? —pregunta Jorge, yendo al grano.

—Mirá, acá todo el mundo está de la cabeza, Jorge, yo no pegué un solo ojo, Dios mío, festejaron toda la noche con bocinazos, fuegos artificiales, petardos... —explica su amigo, describiendo todo lo ocurrido la noche anterior en Buenos Aires.

—Están contentos, ¿eh? Yo no lo vi... —añade el jesuita.

—¡Muy! Al final del partido, Maradona volvió a tener alguna disputa por culpa de la «mano de Dios»... Por suerte, no reaccionó como el Rata, ¿te acordás? —pregunta Óscar.

De pronto, en Jorge se activa un recuerdo de hace muchos años, cuando no había cumplido aún los treinta.

El "Rata" era el apodo de Antonio Rattín, un gran jugador de fútbol de la Selección argentina.

Me acuerdo perfectamente de un partido del Mundial de 1966 que se disputó el 23 de julio en Wembley, Inglaterra; eran los cuartos de final y la Argentina jugaba contra el equipo anfitrión. Durante el partido se vivieron momentos de gran tensión. Rattín, que era el capitán y llevaba el número diez en la camiseta, fue amonestado por el árbitro alemán por una pequeña falta. Eso lo puso nervioso. Luego el árbitro amonestó a otro compañero de equipo y él se le acercó y se puso a protestar acaloradamente en español. El árbitro, según parece, no le entendía, pero al ver aquella agitación, le hizo un gesto para que saliera del campo. Lo había expulsado. Se desató el caos. ¡Ninguno de los hinchas aceptábamos aquella decisión!

En ese momento, el Rata se negó a salir. Quería entender el

porqué de la expulsión, pero no había ningún intérprete que pudiera aclarar la historia, así que el partido se mantuvo parado durante más de diez minutos. Entraron al campo algunos dirigentes en traje y corbata que intentaron sacarlo sin éxito. Cuando por fin se convenció, el público inglés no paró de abuchearlo mientras volvía al vestuario porque había hecho dos cosas imperdonables para ellos: pasó bajo el palco pisando la alfombra roja de terciopelo, reservada para la reina, y después arrugó el banderín del córner, en el que estaba impreso el emblema de la Corona británica.

Por desgracia, las emociones se habían apoderado de la situación y lo que debía ser un momento de pura y sana diversión se convirtió en otra cosa. Afortunadamente, en 1986 con Maradona la situación fue distinta.

Sin retroceder demasiado en el tiempo, en el último Mundial, que se disputó en Catar en diciembre de 2022, hubo varios momentos incómodos. Por ejemplo, leí que, al terminar la final, los aficionados franceses abuchearon al arquero de Argentina, Emiliano Martínez, quien a su vez respondió con un gesto desagradable. O la pelea en la cancha durante el partido Argentina-Holanda, en cuartos de final. Me puso muy triste porque cuando termina un partido debería ser una celebración colectiva, sin controversias, consolando a los que perdieron y abrazando a los que ganaron. Tendría que primar el espíritu deportivo y no el resentimiento.

No seguí este último campeonato porque no veo la televisión; más adelante voy a explicar por qué. Sin embargo, el día de la final, durante el partido contra Francia, me encontraba reunido con cuatro pilotos de una compañía aérea, amigos de unos amigos que habían pasado a verme con sus respectivas esposas. Durante el encuentro, uno de ellos me dijo: «Argentina va ganando dos a cero... ya la copa es de ustedes». Al final, me enteré de que Argentina había ganado en los penales y no con poco sufrimiento, porque los franceses les dieron mucha pelea. Esto me hizo reflexionar mucho. Por ejemplo, en cuartos de final, Argentina le iba ganando a Holanda dos a cero, y luego el partido fue a penales. En la final, el mismo guion: íbamos ganando y luego nos empataron.

Quizá esta actitud forme parte de la psicología de algunas personas argentinas: nos entusiasmamos al principio, pero luego nos cuesta llegar hasta el final por falta de constancia. Los argentinos somos así: pensamos que tenemos la victoria en el bolsillo y en el segundo tiempo corremos el riesgo de perder. Y la constancia no solo nos falta en el fútbol, también en el día a día. Antes de llevar algo a cabo, nos dormimos en los laureles y es posible que no obtengamos el resultado esperado. Por suerte, al final nos las arreglamos para salir adelante.

Volviendo a 1986 y a mi estancia en Alemania, mis recuerdos se detienen en algo que va más allá de la victoria de la Copa del Mundo y la mano de Maradona. En aquel país viví plenamente mi devoción por la Virgen Desatanudos. Cuando estaba todavía en Buenos Aires, había oído hablar del cuadro "María Desatanudos" [Maria Knotenlöserin], que representa a la Virgen rodeada de ángeles e intentando deshacer unos nudos. El cuadro se encuentra en la antigua iglesia jesuita de San Pedro en Perlach, en Augsburgo, Baviera, donde por desgracia nunca estuve. Si mis compromisos me lo hubieran permitido, me habría gustado pasarme por ahí para rezar delante de ese cuadro barroco del siglo XVIII, pensando en todos los nudos que me habría gustado deshacer en aquella época de mi vida. A pesar de ser un año sabático, con el que el provincial estaba de acuerdo, no faltaron las controversias, las dificultades, los pecados y obstáculos que parecían insuperables.

A pesar de todo, en aquellos momentos sentía una vez más la presencia del Señor, que iba por delante de mí, y de la Virgen, que junto a la puerta de mi corazón escuchaba mis quejas con la paciencia que solo una madre puede tener. Y no solo eso. Confié totalmente en ella y sentí que me ayudaba a deshacer mis nudos. Esto no vale solo para mí, ¡vale para todos! Así debe ser la devoción mariana: diáfana, hermosa, pura, sencilla. Hay que poner a la Virgen y a su hijo Jesús en primer lugar, sin intermediarios que puedan aprovecharse del candor y de la debilidad del pueblo para sacar provecho.

Un día encontré unas cuantas estampitas que reproducían la pintura y, al terminar mi estancia en Alemania, me las llevé conmigo a Buenos Aires. Las regalé por aquí y por allá, a amigos, fieles y conocidos. Con los años, se hicieron diferentes reproducciones de María Desatanudos, que aún se encuentran en algunas iglesias de Buenos Aires, donde la devoción mariana se fortaleció y atrae cada vez a más fieles.

Por mi parte, al volver a mi país retomé mi cotidianidad en el Colegio del Salvador, justamente en Buenos Aires.

VIII

LA CAÍDA DEL
MURO DE BERLÍN

Las melodías de Richard Wagner inundan la pequeña y sobria habitación, sin baño privado. Parsifal, interpretada por la orquesta del maestro Hans Knappertsbusch, ameniza la tarde del padre Jorge, que trabaja en su cuarto del Colegio del Salvador, la prestigiosa escuela jesuita que se yergue en el transitado centro de Buenos Aires y que acoge a chicos y adolescentes de primaria y secundaria.

El jesuita lo ve como un regreso, porque ya había enseñado ahí Literatura y Psicología en 1966. Tras su breve estancia en Alemania, vuelve a esa comunidad de la Compañía de Jesús, esta vez como confesor en la vecina iglesia del Salvador. El nuevo provincial, el padre Víctor Zorzín, que fue su viceprovincial entre 1973 y 1979, decidió encomendarle este pequeño encargo sin responsabilidad de gobierno dentro de la Compañía de Jesús. Y el padre Jorge obedeció.

A raíz de su participación en Stromata, la revista de los jesuitas argentinos, el padre Bergoglio se volvió muy conocido entre todos los cofrades del país, así que el final de los años ochenta es un periodo de intensa actividad para él. Escribe artículos, da conferencias por toda Argentina, dirige retiros espirituales y, sobre todo, el padre Ernesto

López Rosas, destacado exponente de la teología del pueblo y nuevo rector del Colegio Máximo de San Miguel, le pidió que impartiera una clase semanal de Teología Pastoral a los alumnos de la facultad, que estudian ya los libros de Bergoglio. El padre López conoce a su hermano cofrade desde finales de los años sesenta. Desde sus encuentros con el jesuita Miguel Ángel Fiorito, un guía espiritual para muchos cofrades argentinos, comparten las mismas ideas sobre la pastoral, el compromiso social del clero y la atención a las clases populares.

Inmerso en los libros de Romano Guardini y de san Agustín, con el Parsifal de fondo, el padre busca la inspiración para redactar su texto, pero de vez en cuando mira también por la ventana. Le llamó la atención el dulce sonido de un camión de helados, mientras un ruidoso grupo de estudiantes en pantalones cortos merodea no muy lejos de ahí. Enfrente, un bazar ya exhibe los primeros trajes de baño y los árboles de la avenida Callao están todos florecidos. En resumen, la primavera pronto dará paso al verano: es 9 de noviembre de 1989. Sin embargo, ese breve momento de distracción se ve interrumpido de pronto por el timbre del teléfono.

—Padre Jorge, rápido, prenda la televisión...

Es Guillermo Ortiz, un estudiante de la Compañía de Jesús que vivió durante un tiempo en la habitación contigua a la de Bergoglio, entonces de cincuenta y dos años. Jorge lo conoce desde 1977, cuando Guillo soñaba con hacerse jesuita y él era provincial. A principios de los años ochenta se volvieron a encontrar, uno novicio y el otro rector del Colegio Máximo en San Miguel, además de párroco en la iglesia del Patriarca San José. En aquella época, una de las tareas del futuro sacerdote era cuidar de los cerdos y otros animales, como ovejas y vacas, que el padre Jorge compraba y criaba para alimentar a los jesuitas del colegio, una comunidad de doscientas personas.

Guillermo también era el encargado de juntar a los chicos del barrio para la misa dominical. Para Bergoglio, era muy importante que sus sacerdotes salieran a la calle. Los futuros jesuitas debían recorrer los tres barrios que le correspondían a la parroquia, La Manuelita, Constantini y Don Alfonso, y acercarse a la gente. Sobre todo, a los más pobres. En resumen, vivir una religiosidad popular integral, comprometiéndose en primera línea en la parroquia.

—Si tenés dos minutos, mirá lo que están pasando. Es increíble... —añade Guillo.

El padre Jorge cuelga el auricular, apaga el tocadiscos y sale corriendo para la sala de televisión. Las imágenes que están transmitiendo llegan desde Alemania y son, efectivamente, extraordinarias. Un río de gente de Berlín oriental se ha lanzado a la calle y está cruzando el Muro, símbolo de la Guerra Fría que divide la ciudad alemana desde 1961. Los accesos se abrieron de repente tras las declaraciones de Günter Schabowski, miembro del politburó y funcionario del Comité Central del Partido Socialista Unificado de Alemania, que, sorprendido por las preguntas de los periodistas durante una rueda de prensa, anunció que los ciudadanos podrían cruzar las fronteras de la República Democrática Alemana incluso sin cumplir con los requisitos establecidos hasta entonces.

Se desata el caos. Jóvenes armados con picos y otras herramientas se dirigen al Muro, empiezan a golpearlo, a derribarlo; familias enteras se suben a sus autos, otras se dirigen a pie hacia la frontera. Algunos deciden no pasar por los puestos de control y saltar esa muralla que tanto dolor y muerte ha causado. Otros están aterrorizados, temen que los militares que controlan las fronteras abran fuego, como ya sucedió en el pasado.

La multitud llega hasta la Puerta de Brandeburgo, un símbolo

*transformado en estandarte de la Alemania comunista. No muy lejos
de aquí, frente al Ayuntamiento de Schöneberg, en 1963 el presidente
estadounidense John Fitzgerald Kennedy pronunció la famosa frase:
«Todos los hombres libres, dondequiera que vivan, son ciudadanos de
Berlín. Por lo tanto, como hombre libre, me siento orgulloso de decir
Ich bin ein Berliner!». «Soy berlinés», dijo en alemán, lo que desató
una ovación de la multitud que agitaba pañuelos blancos.*

La historia desfilaba ante nuestros ojos aquella tarde de 1989. Todos vimos en la tele unas escenas impresionantes a las que yo,
personalmente, nunca habría imaginado asistir. Había jóvenes
bailando, otros brindaban, desconocidos que se abrazaban, familias enteras llorando... fueron momentos en verdad muy conmo-
vedores. Aquellas personas vivían el final de toda esa represión y
violencia. Recuperaban su libertad.

Pronto se derrumbaría también la Unión Soviética gracias a
la perestroika, la política de reformas impulsada por Mijaíl Gorbachov. Fue un gran hombre Gorbachov; quizá uno de los mayores hombres de Estado que la Unión Soviética haya tenido. Sentí
una gran admiración por él porque quiso reformar el mundo
con el propósito de evitarle más sufrimiento al pueblo. Recuerdo
perfectamente a su hija y a su mujer, Raisa, una gran persona,
¡además de una excelente filósofa!

Me alegré mucho al ver las escenas de la caída del Muro de
Berlín: Europa recuperaba esa serenidad tan ansiada, por tantos
años ausente. En nuestro país, la Argentina, no se les prestaba
demasiada atención a aquellos hechos, que afectaban a otra re-

gión del mundo. Además de la sección de noticias internacionales en esos primeros días, la historia del Muro no ocupaba los debates televisivos, que se centraban más en la política interior. De hecho, unos meses antes se habían celebrado las elecciones presidenciales que vieron el triunfo del candidato del Partido Justicialista, Carlos Menem, exponente ultraliberal, hijo de inmigrantes sirios y originario de La Rioja, una de las provincias más pobres del país. Era un momento en el se hacía necesario descubrir un nuevo modo de hacer política, al construir una cultura democrática y poner en el centro el concepto de solidaridad, con el objetivo de mejorar la vida de los ciudadanos. Precisamente, se discutía mucho sobre lo que esta nueva presidencia podría hacer por el pueblo.

No obstante, los argentinos que, como yo, teníamos familiares en Europa, estábamos más atentos a las noticias que llegaban de Alemania. ¡Por fin caía aquel muro, símbolo de la división ideológica del mundo entero! Aunque aquellas imágenes nos tomaron por sorpresa, y éramos conscientes de que la caída del Muro de Berlín había sido algo repentino, hay que decir que ese acontecimiento histórico fue posible gracias al compromiso de muchas personas a lo largo de los años; gracias a su lucha, a su sufrimiento e incluso al sacrificio de sus vidas. Pero también, y sobre todo, gracias a la oración. No puedo dejar de pensar en el papel que desempeñó Juan Pablo II, a quien había conocido unos años antes, en 1987, gracias al nuncio apostólico, con motivo de la Jornada Mundial de la Juventud en Buenos Aires. Con sus palabras y su carisma, le transmitió a toda esa gente la fuerza para juntarse y luchar por la libertad. En efecto, ya en 1979, con motivo de su primer viaje a su patria, Polonia, fomentó la madurez de las conciencias de millones de ciudadanos del este de Europa, que recuperaron la esperanza.

Así, ese largo proceso condujo a la caída del muro en Alemania. Pero hay muchos muros esparcidos por todo el mundo, aunque quizá menos famosos. Donde hay un muro, hay un corazón cerrado; donde hay un muro, está el sufrimiento del hermano y de la hermana que no puede pasar; donde hay un muro, hay una división entre pueblos que no aporta al futuro de la humanidad. Si estamos divididos, faltan la amistad y la solidaridad. En cambio, debemos seguir el ejemplo de Jesús, que nos aunó a todos con su sangre.

Los muros no son solamente físicos. Cuando no estamos en paz con alguien, hay un muro que nos divide. Qué lindo sería un mundo con un montón de puentes en lugar de barreras. Las personas podrían encontrarse y vivir juntas en nombre de la hermandad, reduciendo las desigualdades y aumentando la libertad y los derechos. En cambio, donde hay muros proliferan las mafias, la criminalidad, los canallas que se aprovechan de la debilidad del pueblo, sometido al miedo y a la soledad. ¡Somos cristianos! Por eso debemos amar al prójimo sin reservas, fronteras o límites, más allá de los muros del egoísmo y de los intereses personales y nacionales. Es necesario traspasar las barreras de las ideologías que magnifican el odio y la intolerancia.

Volviendo a la caída del Muro de Berlín, entre las muchas imágenes históricas que vi retransmitidas por la televisión argentina, me impactaron bastante la autenticidad y la ternura de todas aquellas personas mayores que habían padecido en carne propia un gran sufrimiento y llevaban esperando ese momento desde quién sabe cuándo. Aunque la emoción les impedía hablar cuando algún periodista las entrevistaba, una vez cruzaban la cortina de hierro, no ocultaban en absoluto sus lágrimas.

Como a Jesús, ya no les daba miedo llorar. En el Evangelio leemos que el Señor derramó lágrimas por su amigo muerto, se conmovió frente a la multitud sin pastor, lloró en su corazón cuando vio a una pobre viuda que acompañaba a su hijo al cementerio. ¡Si no aprendemos a llorar, dando testimonio de humanidad, no podremos ser buenos cristianos!

Después de seguir por la tele durante unos minutos la retransmisión, el padre Jorge vuelve a su habitación; quiere ultimar la redacción del texto antes de cenar. Y eso no es todo. También debe responder la carta que le envió uno de sus exalumnos del colegio Inmaculada Concepción de Santa Fe. Ha dejado la misiva bien a la vista sobre una pila de libros, ya que su antiguo estudiante de bachillerato espera respuesta desde hace unos días y no quiere retrasarla más. Desde sus años como profesor, mantuvo el contacto con algunos de sus exalumnos de los cursos de Literatura y Psicología, que todavía lo llaman o le escriben.

Uno de ellos, José, no ha perdido la costumbre de hacerse oír. Esta vez, en una extensa carta, recuerda el increíble encuentro que tuvieron en clase con Jorge Luis Borges, el afamado escritor argentino, a quien el profesor Bergoglio invitó a hablar de literatura gauchesca con sus estudiantes de bachillerato. A pesar de que han pasado más de veinte años, en la carta el exalumno, que ahora es médico, le pide una aclaración sobre un texto relacionado con la teoría evolucionista del jesuita Pierre Teilhard de Chardin, filósofo y paleontólogo francés que el profesor dio a conocer a sus estudiantes al recomendarles sus libros. El padre Jorge sonríe frente a esta insólita petición y se pone ante la máquina de escribir para complacerlo.

«Cuando nos veíamos en clase, el mundo todavía estaba dividido en dos bloques, mi querido José. Y justamente hoy, mientras te escribo, ese sistema se derrumbó, fracasó, ¡ya no hay Muro de Berlín!», escribe el padre Jorge en uno de los pasajes de su respuesta.

Vuelve a encender el tocadiscos y retoma su labor. O, por lo menos, lo intenta. A su cabeza vuelven las imágenes que vio en la pantalla. Envuelto en las sinfonías de Wagner, repasa las sonrisas, las lágrimas de felicidad, la incontenible alegría. Asimismo, resurgen las palabras que pronunció el presidente de los Estados Unidos, Ronald Reagan, que el jesuita leyó algún tiempo antes en el diario. El 12 de junio de 1987, el inquilino de la Casa Blanca había visitado Berlín occidental y, frente a la Puerta de Brandeburgo, dirigiéndose a una multitud de casi cincuenta mil personas, dijo: «Este muro caerá [...]. Sí, en toda Europa, este muro caerá. Porque no puede resistir a la fe, no puede resistir a la verdad. El muro no puede resistir a la libertad». Fue en esa ocasión cuando Reagan, durante su discurso, pronunció una advertencia inesperada, así como perentoria e histórica, al secretario general del Partido Comunista de la Unión Soviética: «Señor Gorbachov, señor Gorbachov: ¡derribe este muro!».

Y entonces fue abatido de verdad. ¡Vientos de cambio habían llegado por fin a Europa! Recuerdo que, unos días después de la caída del Muro de Berlín, Juan Pablo II escribió una carta al episcopado alemán en la que, manifestando su vínculo con ese pueblo y dirigiéndose también a todos los católicos del país, garantizaba sus oraciones para que el Señor, con la intercesión de la Virgen María, pudiera materializar «las esperanzas de la humanidad en la justicia, la libertad y la paz interna y externa. Hagan todo lo posible, incluso si son un rebaño pequeño, para renovar el rostro de la tierra en su país, con el poder del Espíritu de Dios, junto a todos los hombres de buena voluntad, unidos sobre todo a los cristianos evangélicos», escribió.

Aquellas palabras no cayeron en saco roto. El pueblo alemán supo sacarles provecho, y caminaron juntos en la unidad para encontrarse como hermanos y hermanas tras la muerte y sufrimiento que habían causado las divisiones. Como ya mencioné, me conmovieron las imágenes de las personas mayores llorando, pero me emocionaron aún más los abrazos entre miembros de una misma familia que, separados por el Muro, por fin volvían a verse en Berlín occidental. Viví todo aquello con una especial alegría en el corazón porque en mi familia materna, por el contrario, hubo ciertos episodios de enemistad entre hermanos y primos que me habían hecho sufrir mucho en el pasado. Quizá por esa difícil situación familiar mamá y yo creamos fuertes lazos con las otras personas; por ejemplo, con las señoras que venían a apoyarla con las tareas del hogar, que para mí eran como tías.

Recuerdo a Berta, una señora francesa de sesenta años. Su hija había sido bailarina y prostituta, y luego se casó con un vecino nuestro. Berta también había sido bailarina en París cuando era joven y a pesar de vivir en una gran pobreza, a la que se sumaba la difícil situación de su hija, mantenía una dignidad única.

Luego estaba Concepción María Minuto, a la que llamábamos Concetta. Venía tres o cuatro veces por semana y ayudaba a mamá a lavar la ropa a mano; la recuerdo con gran cariño. Me regaló la medallita de la Virgen que aún llevo al cuello. De origen siciliano, vivió la Segunda Guerra Mundial y tenía dos hijos: una chica, la mayor, y un chico. Nos contaba que, para dar a luz a su segundo hijo, tuvo que recorrer a pie varios kilómetros para tomar el tren que la llevaría al hospital. Sus relatos revelaban tanta miseria... pero eso no la desanimaba y, sobre todo, no socavaba su bondad de mujer sencilla.

Recuerdo que, en un momento dado, su hijo decidió formar su propia familia y se casó, quedándose en la Argentina, mientras Concetta y su hija se trasladaron a Italia. Después de unos años, ambas volvieron a Buenos Aires. Yo estaba ya en San Miguel y un día vinieron a verme. La persona que las recibió me avisó: «Padre, la señora Concepción Minuto lo está esperando». Pero en ese momento estaba muy ocupado e, instintivamente, le pedí que le dijera que no estaba disponible. Al día siguiente se apoderó de mí una gran angustia, y me seguía preguntando: «¿Por qué me porté así con esta mujer a la que conozco desde hace años y que vino desde Italia, e incluso compró un pasaje de tren para venir a verme hasta San Miguel?». Esa misma noche recé mucho y le pedí perdón al Señor por ese gesto.

Unos años más tarde, la hija volvió a buscarme y me dejó una nota: «Soy la hija de Concetta, pasé a saludar...». La llamé de inmediato. El hijo, mientras tanto, había empezado a trabajar de chofer en Buenos Aires y, a veces, cuando hacía falta, le daba trabajo. Un día me avisaron que Concetta estaba a punto de dejarnos, así que me las arreglé para asistirla espiritualmente en sus últimas horas de vida terrenal. Pienso con frecuencia en Concetta, llevo siempre conmigo la medallita que me regaló y, cada vez que la veo, rezo por ella.

Me gusta recordar también a la señora María de Alsina. Había enviudado hacía tiempo y tenía una hija con su mismo nombre: las llamaban «Mari grande» y «Mari chica». La señora trabajaba como empleada del hogar en casa de los vecinos, él director de un banco y ella maestra; una pareja encantadora, pero que se pasaba todo el día fuera por trabajo. Mari grande era muy culta, le encantaba leer libros de filosofía y escuchar ópera. Por eso, de vez en cuando, me gustaba invitarla para ir juntos a ver algún espectáculo teatral. Cuando María estaba a punto de morir, su hija me llamó de repente: «Mi madre está en el hospital, son sus últimas horas...». Eran las nueve de la noche y de inmediato me fui para allá para darle la extremaunción. Después de su muerte, la hija se quedó sola, así que mi hermana María Elena le propuso que se fuera a vivir a su casa.

Con las empleadas domésticas teníamos esta relación de respeto, las tratábamos como auténticas familiares. Por el contrario, como mencioné, la rama materna de nuestra familia estaba totalmente rota. Mi madre tenía cinco hermanos, todos enemistados entre sí. He visto a mis tíos y a mis tías en raras ocasiones. A una de ellas la metieron sus propios hijos un geriátrico; a otro lo vi de mayor, una única vez. Tengo que admitir que ver estas peleas me hacía mucho daño.

A diferencia de las familias berlinesas, que hasta aquel noviembre de 1989 habían vivido separadas por el Muro, nosotros contábamos con la gracia del Señor para poder vernos todas las veces que quisiéramos y, sin embargo, no supimos aprovechar este don de Dios. La familia es el primer lugar donde se aprende a amar, un concepto que siempre ha estado muy claro en mi mente. Pero también sabemos que en todas las familias hay una cruz, porque el Señor prevé también esta vía: hay malentendidos y dificultades que se superan solo con amor. El odio, por el contrario, no permite hacerlo. También por este motivo me conmovieron las imágenes de los hermanos y de los primos abrazándose en la frontera entre el este y el oeste. Gracias al amor habían superado incluso ese tipo de división, cosa que nosotros, en cambio, no habíamos logrado.

Aquella fue una de las últimas veces que vi la televisión. El 15 de julio de 1990, un año después y en vísperas de mi traslado a Córdoba —adonde me habían enviado a ofrecer dirección espiritual a la comunidad jesuita—, veía la tele con mis hermanos cofrades en la sala de descanso cuando se transmitieron unas escenas un tanto delicadas, por decirlo de alguna manera; algo que, sin duda, no era bueno para el corazón. Nada demasiado osado, por el amor de Dios, pero una vez regresé a la habitación esa noche de invierno pensé: «Un sacerdote no puede ver estas cosas...». Así que, al día siguiente, en la misa por la Virgen del Carmen, hice la promesa de no volver a ver la televisión. Solo en raras ocasiones me lo permito. Por ejemplo, cuando ha jurado un nuevo presidente de la República, o alguna vez, brevemente, cuando hubo un accidente aéreo. También la encendí para seguir la misa de los domingos cuando estuve ingresado en el Policlínico Gemelli de Roma. Pero no seguí la ceremonia de coronación de Carlos de Inglaterra, por ejemplo, ni otros acontecimientos importantes del mundo. No por desprecio, sino por el voto que hice.

Dicho esto, en Córdoba me quedé un año, diez meses y trece días, hasta mayo de 1992. Fue un periodo largo y oscuro de mi vida. Oscuro porque durante esa época viví con un espíritu casi de derrota en el corazón, puesto que no entendía muy bien por qué los superiores me habían enviado ahí, aunque acaté su decisión con obediencia. Precisamente en aquel año, en Europa se escribía una nueva gran página de la historia.

IX

EL NACIMIENTO DE LA
UNIÓN EUROPEA

La Residencia Mayor de los jesuitas duerme, las luces de las habitaciones están apagadas, la campana no ha despertado aún a los cofrades para rezar los laudes y celebrar la misa. Todo el mundo sigue en la cama; después de todo, recién son las cuatro y media de la mañana. Incluso fuera de la enorme estructura de piedra y cemento, con su patio interior rodeado de árboles de palta y vid, no hay ni un alma. En la calle Caseros, una de las más transitadas de la ciudad de Córdoba, a unos setecientos kilómetros de Buenos Aires, todavía reina el silencio; solo se escuchan las escobas de los camiones de limpieza que barren las calles desiertas. A lo lejos resuena una persiana metálica que se levanta; es la del panadero del barrio, Gonzalo, que comienza su jornada.

A esa hora, en aquel caluroso verano de 1992, solo hay una luz encendida en la residencia de los jesuitas, y lleva así un rato: la de la cocina. El padre Jorge, que normalmente tiene el despertador puesto para las cuatro y media, se levantó antes de lo habitual. Tras dedicarle tiempo a la oración, se higienizó en el baño comunitario, al fondo del pasillo, y regresó a su celda de doce metros cuadrados en la planta baja para ponerse rápidamente la sotana negra, lustrar los zapatos y bajar. Le tomó un momento arremangarse, ponerse un delantal blanco y empezar a cocinar. No es su rutina habitual, se trata de un caso excepcional. El exprovincial de los jesuitas y exrector del Colegio Máximo lleva casi dos años en un exilio ordenado por la cúpula argentina de la Compañía de Jesús. Tras doce años de importantes encargos en la orden, los nuevos superiores pensaron en apartar al padre Jorge, y sus días están marcados por el silencio y la oración. Pero también hay tiempo dedicado a la confesión —algunos penitentes llegan incluso de fuera de la ciudad—, a la escritura y al estudio. También ayuda a los cofrades más mayores, colabora en la lavandería y, rara vez, se concede un paseo fuera de la residencia para ir a la iglesia de los carmelitas descalzos o a la basílica de Nuestra Señora de la Merced.

En cambio, esa mañana de mediados de verano decidió darles una mano a Ricardo y a Irma: el primero es el chico para todo de la residencia, al que conoce desde que era un pibe; la segunda es la cocinera y prima de Ricardo. Todavía no han llegado, pero el padre Jorge decidió ponerse manos a la obra porque hay que preparar el almuerzo para la boda de Alejandra, la sobrina de Ricardo. El día anterior, ambos estaban muy nerviosos y preocupados por no saber cómo organizar el menú para aquel pequeño banquete nupcial con amigos y familiares. Así que el padre Bergoglio, de cincuenta y cinco años, se ofreció a preparar la carne y un timbal de arroz. Ya puso a cocer la ternera en dos ollas grandes y está pelando las papas. Después de haber estado en la cúpula de su orden religiosa en Argentina, el jesuita porteño parece haber vuelto a los orígenes de su sacerdocio: vive un misterioso momento de reflexión sobre su vida, de búsqueda interior, lejos de todo el mundo, en soledad. Incluso dicen las malas lenguas que sufre un *trastorno mental. Algunos jesuitas hacen correr rumores sobre a él, impulsando una campaña de difamación. «Bergoglio está loco», dicen, pero la realidad es otra.*

Finalmente, a las cinco y media, llega también Ricardo. A pesar de vivir en la residencia, salió, como todas las mañanas, a comprar en un quiosco cercano un ejemplar del diario La Nación, que terminará en la sala de lectura, a disposición de todos. Le ha llevado al padre Jorge algunos de los ingredientes para la comida: arroz y yogur para preparar el timbal junto con Irma. Sin embargo, al tener el periódico a la mano, el jesuita decide echarle un rápido vistazo. Se detiene brevemente en algunos sucesos de la política argentina, pero entre las noticias internacionales, le llama la atención un editorial que comenta la firma del Tratado de Maastricht el 7 de febrero. Suscrito por doce países, ratificó el nacimiento de la Unión Europea. El documento, que entrará en vigor en noviembre de 1993, aprueba la unión monetaria y económica, prevé la creación de un banco central y de la ciudadanía europea, y refuerza los poderes del Parlamento europeo, entre otras cosas.

El padre Bergoglio lo lee rápidamente, está ocupado preparando el almuerzo y no tiene tiempo para dedicarle a ese largo artículo de opinión. Después de recorrer las primeras líneas, cierra el diario y vuelve a la cocina.

Tengo que admitir que, al principio, no me detuve demasiado en esa noticia referente a la lejana Europa, no le presté mucha atención y, quizá, la infravaloré un poco. Luego, con el tiempo, pude profundizar más en ella y debo decir que, tras leer bien lo que preveía, el tratado me gustó mucho. El nacimiento de la Unión

Europea fue una de las cosas más lindas que haya concebido la creatividad política. Esos doce países habían encontrado la clave para perseguir la subsidiariedad, siguiendo las huellas que dejaron los padres fundadores. Como recalcó un jesuita francés, el padre Pierre de Charentenay, la Unión encarna, a nivel europeo, lo que la Iglesia pide en sus documentos, como la encíclica social de Juan XXIII, *Mater et Magistra*, o la de Benedicto XVI, *Caritas in Veritate*: una autoridad con competencia múltiple que pueda evitar las derivas de los nacionalismos.

También por este motivo, hoy más que nunca, los cristianos están llamados a aportar su granito de arena a Europa. Pueden hacerlo de dos maneras: en primer lugar, recordando que no se trata de un conjunto de números, sino de un grupo de personas. Cada vez se habla más de cifras, cuotas, indicadores económicos y umbrales de pobreza, en lugar de hablar de ciudadanos, migrantes, trabajadores y pobres. Todo se reduce a un concepto abstracto, que a nivel político se pueda gestionar con mayor tranquilidad, sin generar alarmismo o desconcierto en quien escucha. Pero si no se habla claramente de las personas, que tienen corazón y cara, estos razonamientos carecerán siempre de alma.

En segundo lugar, los cristianos pueden ayudar a redescubrir el sentido de pertenencia a una comunidad. Este es el verdadero antídoto contra el individualismo; contra esta tendencia tan extendida hoy día, sobre todo en Occidente, a vivir en soledad. Es grave cuando, al hacerlo, se da lugar a una sociedad carente de sentido de pertenencia y tradición. Lo vemos, por ejemplo, cuando se aborda la cuestión de los migrantes. Parece que hay dos Europas, con algunos países que creen poder vivir estupendamente su vida pensando solo en ellos mismos y dejando a otros miembros de la Unión —por ejemplo, los del Mediterráneo: Italia, Malta, España, Grecia y Chipre— a merced de los acontecimientos, en una situación de emergencia. Eso no es hacer comunidad, eso es vivir un individualismo suicida que solo puede llevar a la autodestrucción. Es necesario que todos, de norte a sur, asuman su parte para acoger, proteger, promover e integrar a los migrantes.

Por el contrario, si se juega un partido en solitario, se creará también una desconexión afectiva entre ciudadanos e instituciones europeas, que pueden percibirse como lejanas y desapegadas de las necesidades de las personas. Europa es ante todo una familia de pueblos. Por eso el gobierno central debe de tener en cuenta las necesidades de cada país, respetando sus identidades e interviniendo si necesitan asistencia en cualquier campo.

Volviendo al Tratado de Maastricht, el comentarista que narraba esta novedad en *La Nación* señalaba que, tras la caída del Muro de Berlín, Europa necesitaba estar unida porque así se fortalecería para superar todos los conflictos y poner fin a las divisiones de la segunda posguerra. Sin embargo, en aquel periodo de mi vida, mi atención se dirigía hacia otros conflictos: los interiores, los de mi corazón.

Ya había estado en Córdoba como novicio en 1958, en el instituto Sagrada Familia del barrio de Pueyrredón. Además de asistir a algunas personas mayores, entre mis tareas estaba reunir a los niños de los rincones más humildes, que vivían en los barrios aledaños al hospital Tránsito Cáceres de Allende, para darles la catequesis y prepararlos para la primera comunión. Nos juntábamos en el patio interior de la casa de los Napoli, una familia muy generosa de origen siciliano. Marido y mujer tenían dos hijos y, junto a los demás chicos, una decena en total, nos reuníamos todos los fines de semana bajo un árbol para la clase de doctrina. Al terminar, de vez en cuando, les daba caramelos y jugábamos un partido de fútbol. Nunca fui bueno para el fútbol, de chico me ponían a jugar de arquero porque mis compañeros de equipo decían que era un patadura, pero eso no era más que una manera de hacer que se despejaran y socializaran al finalizar el encuentro. A la semana siguiente, les hacía alguna pregunta sobre los temas ya tratados y, si respondían correctamente, les regalaba alguna estampita o medallita de la Virgen. Alguna vez les enseñé también canciones populares italianas, de las que papá escuchaba en casa cuando éramos chicos y que, por lo tanto, yo me había aprendido de memoria. Recuerdo, por ejemplo, *O sole mio*, *Dove sta Zazà* y *Torna piccina mia*, éxitos que en los años cuarenta escuchaban mucho los italianos que vivían en Buenos Aires.

Cuando volví a Córdoba «en destierro» en 1990, exiliado por castigo, el escenario había cambiado por completo. Había guiado la provincia argentina de los jesuitas, había tenido encargos de gran responsabilidad, pero ahora había vuelto para ser simplemente un confesor, que es un cargo muy lindo e importante.

En aquella época reinaba la oscuridad, una sombra que me hacía trabajar en mí mismo y me permitió transformar esa situación en una oportunidad de purificación interior. En esos momentos, la espiritualidad ignaciana fue mi faro, pero estoy igualmente convencido de que el Señor me permitió vivir ese periodo de crisis para ponerme a prueba y poder leer mejor mi corazón. En esos casi dos años, pensé mucho en mi pasado, en mi periodo como provincial, en las decisiones que tomé de manera instintiva y personalista, en los errores que cometí por mi actitud autoritaria, hasta el punto de ser acusado de ultraconservador.

Así que me convencí cada vez más de que aquellos años de silencio, en la celda número cinco de la residencia de Córdoba, me sirvieron para poder entender cómo mirar al futuro con serenidad. Con el tiempo, algunos han hecho quizá demasiado hincapié en lo que ocurrió en aquel periodo oscuro de mi vida. Hay quienes han hablado de acoso laboral en mi contra, de llamadas que no me pasaban y de cartas que no me entregaban. Eso no es verdad, sería injusto decir que las cosas sucedieron así. Algunos pensaron que, para mí, a aquella edad, era humillante encargarme de los cofrades enfermos, lavarlos, dormir junto a ellos para poder asistirlos o ayudar en la lavandería. Pero para mí era natural hacerlo, y también creo que es un paso fundamental en la vida de cualquiera que realmente quiera encontrarse con Jesucristo. Ponerse al servicio de los más frágiles, de los pobres, de los últimos, es lo que todo hombre de Dios, sobre todo si está en la cúpula de la Iglesia, debería hacer: ser pastor llevando encima el olor de las ovejas.

Sin embargo, es verdad que en aquel periodo estaba muy cerrado sobre mí mismo, un poco deprimido. Me pasaba la mayor parte del tiempo en la residencia, rara vez salía. Tenía mucho tiempo libre y alternaba las confesiones con la investigación, la lectura de los documentos del papa Juan Pablo II y los libros del entonces cardenal Joseph Ratzinger para mi tesis doctoral, así como el estudio de casi toda la historia de los papas escrita por el historiador Ludwig von Pastor. Devoré treinta y siete volúmenes de cuarenta, ¡un buen récord! Y, por como transcurrieron las cosas en mi vida, ¡debo decir que aquella lectura me fue bastante útil!

En aquellos años empecé a escribir dos libritos, *Reflexiones en esperanza* y *Corrupción y pecado*. En este último, inspirado en un artículo del periodista Octavio Frigerio titulado «Corrupción, un problema político», hay un pasaje que, al releerlo después de tantos años, me hizo reflexionar sobre algunos escándalos en los que se vieron implicadas también las instituciones europeas: «Cuando un corrupto ejerce el poder, involucrará siempre a los demás en su corrupción, los bajará a su nivel. La corrupción huele a putrefacción, es como el mal aliento. Difícilmente quien tiene mal aliento se da cuenta. Son los demás los que lo notan y tienen que decírselo. De igual manera, el corrupto difícilmente puede salir de esta condición por cargo de conciencia. Anestesió la bondad del espíritu».

Ya llegó el mes de mayo. Después de almorzar en el refectorio, el padre Jorge subió a la primera planta y, como hace todos los días a primera hora de la tarde, se paró a rezar frente a la estatuita de san José que lleva en brazos al Divino Niño. Apoya la mano en el cristal que protege al santo y agacha la cabeza. Los cofrades que bajan o suben las escaleras lo ven ahí, inmóvil, inmerso en la oración, totalmente desconectado de los asuntos terrenales. Al volver a su habitación, se sienta frente al escritorio y saca del armario la máquina de escribir, pero le avisan por el timbre Morse, con el código punto-línea-punto, que lo llaman por teléfono. Llega a la cabina y le pasan una llamada muy urgente procedente de Buenos Aires. Es el nuncio apostólico, el arzobispo Ubaldo Calabresi. Para el padre Jorge no es en absoluto una sorpresa, los dos hablan con frecuencia. De hecho, el nuncio lo consulta periódicamente para pedirle su opinión sobre los nombramientos de los posibles nuevos obispos. Pero en esta ocasión el alto prelado no quiere estar demasiado tiempo al teléfono, desea encontrarse con el jesuita en persona, en el aeropuerto de Córdoba, donde hará escala antes de regresar a la capital.

«Allí estaré, su excelencia...», le asegura el sacerdote. Y cuelga.

El padre Bergoglio no tiene mucho tiempo para llegar puntual a la cita; sin embargo, antes de salir para la estación del colectivo que lo llevará al aeropuerto encuentra un momento para entrar a la capilla doméstica, donde reza el rosario todos los días, para dedicarle una oración a la Virgen de Fátima. Es 13 de mayo, el día en que la Iglesia recuerda la primera aparición de la Virgen a los tres pastorcitos portugueses en 1917. Pasa también por la sala de lectura y atrapa al vuelo uno de los diarios que hay disponibles para leerlo durante el largo viaje en colectivo, seguro de que los demás cofrades no lo echarán de menos; hay otros diarios y, de todas formas, lo devolverá a tiempo por si alguien quiere hojearlo después de cenar.

Una vez a bordo, sentado junto a una mujer que amamanta a su bebé, el jesuita abre con curiosidad el diario y queda impactado por la foto de la reina Isabel II que, el día anterior, el 12 de mayo de 1992, pronunció un discurso histórico ante el Parlamento Europeo, reunido en Estrasburgo, tras la firma del Tratado de Maastricht. El artículo cita parte del discurso de la soberana británica y el padre Jorge comienza a leer con interés:

Todos estamos tratando de preservar la rica diversidad de los países europeos. Porque si se suprimiera esta diversidad, debilitaríamos a Europa en lugar de fortalecerla. Las decisiones tienen que tomarse lo más cerca posible de los ciudadanos, en consonancia con su éxito. Pero, al mismo tiempo, debemos fortalecer la capacidad de los europeos para trabajar sobre una base europea, cuando la naturaleza de un problema requiere una respuesta europea. Este es el equilibrio necesario alcanzado en Maastricht. Hoy me encuentro aquí, consciente de las diferencias entre las tradiciones parlamentarias nacionales en el interior de la Comunidad. Los diputados británicos habrán aportado, sin duda, a las deliberaciones de esta Asamblea el tono vigoroso del debate de Westminster. Un estilo que puede resultar conflictivo, como descubrieron algunos de mis antepasados, pero las diferencias de estilo y de opinión son insignificantes respecto al probado compromiso de los europeos con la reconciliación y la democracia. Mucho mejor los discursos duros y la polémica de un debate auténtico, del cual este parlamento es un foro, que la sosa uniformidad.

La reina Isabel tenía razón en su discurso. Uno de los deberes de la Europa que se estaba consolidando en aquellos años consistía precisamente en preservar y cultivar la diversidad de sus diferentes países. El proyecto era ambicioso y seguía la estela dejada por los padres fundadores de la Unión Europea, con su sueño de armonizar las diferencias.

Durante mi viaje a Budapest en abril de 2023, me reuní con las autoridades, exponentes de la sociedad civil y del cuerpo diplomático. En aquella ocasión, recordando el discurso que di ante el Parlamento Europeo de Estrasburgo en 2014, hablé precisamente de la necesidad de que Europa no sea rehén de las partes, víctima de populismos autorreferenciales, y que tampoco se transforme en una realidad fluida que olvida la vida de los pueblos. Hablé de la necesidad de armonía, que cada parte se sienta integrada en el conjunto y conserve, al mismo tiempo, su propia identidad. Cada pueblo aporta sus riquezas, su cultura y su filosofía, y tiene que poder mantener esta riqueza, esta cultura y esta filosofía en armonía con las diferencias. El problema es que esto ya no sucede; el sueño de los fundadores parece haber quedado lejos. Si hablé de eso precisamente en Budapest es porque espero que aquellas palabras hayan sido escuchadas tanto por el primer ministro húngaro, Viktor Orbán, para que comprenda que hay una gran necesidad de unidad, como por Bruselas, que parece querer uniformarlo todo, para que respete la singularidad húngara.

De esta necesidad habló también en Estrasburgo en 1988, antes de la caída del Muro de Berlín, Juan Pablo II, que pronunció un memorable discurso frente al Parlamento Europeo. Aclaró muy bien el concepto, añadiendo que los europeos deberían aceptarse los unos a los otros a pesar de provenir de diferentes tradiciones culturales o corrientes de pensamiento, además de acoger a las personas extranjeras y refugiadas, abriéndose así a las riquezas espirituales de los pueblos de otros continentes.

Esta visión cristiana permite identificar en la historia de Europa un encuentro continuo entre cielo y tierra, donde el cielo indica la apertura a lo trascendente, a Dios, que ha caracterizado siempre al pueblo europeo, y la tierra representa su capacidad práctica y concreta para afrontar las situaciones y los problemas. El futuro de Europa, la vieja Europa, cansada y estéril, depende del descubrimiento del nexo vital entre estos dos elementos.

Una Europa que ya no es capaz de abrirse a la dimensión trascendente de la vida es una Europa que, lentamente, se arriesga a perder su propia alma e incluso ese «espíritu humanístico» que ama y defiende.

Hoy es necesario que la Unión despierte del letargo, que dé a luz un nuevo humanismo basado en tres disposiciones: integrar, dialogar y generar. Al fin y al cabo, si hiciera falta, el Viejo Continente sería capaz de comenzar de cero. Lo demostró después de la Segunda Guerra Mundial, cuando había que reconstruirlo todo. Y lo consiguió porque nunca faltó la esperanza en los corazones de quienes estaban fundando este nuevo sujeto político, poniendo en el centro a los seres humanos. Para ello, es fundamental que se piense en la formación de gente capaz de leer los signos de los tiempos y que sepa interpretar el proyecto europeo en la historia de hoy en día. Si no, prevalecerá únicamente el paradigma tecnocrático que no atrae a las nuevas generaciones, lo cual significará el final de este proyecto.

Volviendo a aquella tarde del 13 de mayo de 1992, mi colectivo había llegado por fin al aeropuerto de Córdoba, con ligera antelación, por extraño que parezca. Creo que lo que sucedió durante mi encuentro con el nuncio Calabresi, un gran hombre al que le debo mucho, ya es de dominio público. Primero, habló de todo un poco, haciéndome una serie de preguntas sobre los temas más dispares. Luego, de repente, mientras nos dirigíamos ya a la puerta de embarque, me dio la noticia que cambiaría mi vida: «Permítame comunicarle que ha sido nombrado obispo auxiliar de Buenos Aires por Juan Pablo II. El nombramiento será publicado dentro de siete días, el 20 de mayo. Le ruego que no le diga nada a nadie».

Me tomó realmente por sorpresa. Me quedé inmóvil, sin pronunciar palabra, como me ocurre cada vez que me dicen algo inesperado. ¡Todavía me pasa! En cualquier caso, respetando la petición del nuncio apostólico, mantuve el más absoluto silencio, comenzando por esa misma noche, durante la cena en el refectorio con el superior y con los demás cofrades. La noticia permaneció en secreto hasta su publicación. El cardenal Antonio Quarracino, arzobispo de Buenos Aires, a quien había tenido la suerte de conocer varios años atrás, cuando predicaba los ejercicios espirituales y él aún era arzobispo de La Plata, me quiso como su estrecho colaborador y así me convertí en uno de los cuatro obispos auxiliares elegidos por él.

Tras la ordenación episcopal en la catedral de la capital, frente a la Plaza de Mayo, el arzobispo me envió como vicario episcopal precisamente a Flores, mi barrio de la infancia. Había crecido ahí y ahora, con cincuenta y cinco años, volvía como pastor. Había un gran ambiente festivo, mi periodo oscuro era solo un recuerdo y el Señor quería que iniciara un nuevo camino, junto al pueblo, llevando la palabra y el consuelo de Cristo a las familias más necesitadas de cuidado que vivían en las «villas miseria».

En aquellos años conocí también a un sacerdote que tenía vocación para trabajar en las barriadas, el padre Pepe Di Paola. En 1994, cuando ya me habían nombrado vicario general, lo mandé como párroco a Ciudad Oculta y unos años después a Villa 21, zonas marginadas de Buenos Aires. Trabajaba con chicos y chicas, y con personas en situación de calle. Recuerdo que iba a verlo seguido porque, como ya comenté antes, siempre me pareció fundamental que el pastor esté en medio de sus ovejas. Si hacía falta, quizá porque algún otro cura estaba enfermo, echaba una mano celebrando misa o confesando. Trataba de estar siempre presente, incluso en las procesiones organizadas por los curas villeros coordinados por el padre Pepe, caminando entre aquella gente que buscaba a Jesús. ¡La piedad del pueblo es el sistema inmunitario de la Iglesia!

Fueron algunos de los momentos más lindos de mi vida. Entre esas callecitas polvorientas yo también encontré al Señor, que me decía que no abandonara a esa pobre gente. Pero también había momentos dedicados a escuchar sus historias, cuando aceptaba la invitación a tomar un mate en sus hogares y charlar un rato, como hacen los viejos amigos. No crean que eran siempre historias divertidas y que estábamos ahí para reírnos. Enjugué un montón de lágrimas, porque esas personas vivían en medio de la miseria, en casas de ladrillo y chapa, entre perros callejeros, sin agua potable. La criminalidad y el narcotráfico son los que mandan realmente en esas áreas desfavorecidas. Los niños, abandonados a su suerte, son involucrados desde muy pequeños en asuntos de drogas. Por tanto, la presencia de la Iglesia era, y sigue siendo, fundamental para hacer un trabajo de prevención y encaminar sobre todo a los más chicos hacia un futuro claro, lejos de estos males que corrompen el alma. Cuán importante es la labor de la Iglesia en las periferias, ¡sobre todo cuando el Estado está ausente! Los sacerdotes y las monjas, con su presencia y sus palabras, pueden marcar la diferencia y ayudar, especialmente a los más jóvenes, a tomar el camino correcto, evitando quedar atrapados en espirales dramáticas que destruirían para siempre sus vidas. El acto de escuchar, con paciencia y con la mente abierta a estas personas, a padres en crisis, a chicas y chicos sin hogar, puede realmente cambiar las cosas para mejor. Lo pude comprobar personalmente, escuchando y hablando, incluso hoy en día, con cientos de personas que viven en los márgenes.

Unos años más tarde, en 1997, el nuncio apostólico me sorprendió por segunda vez. Al final de un almuerzo como tantos otros, ordenó traer una torta y una botella de champagne para brindar. Pregunté si era su cumpleaños. «No», dijo. «No es mi cumpleaños. ¡Es por usted!». Me volví a quedar desconcertado, no entendía. Entonces añadió: «A partir del próximo 3 de junio, usted será el nuevo obispo coadjutor de Buenos Aires».

Básicamente, adquiría un derecho de sucesión cuando el arzobispo se retirara al llegar al límite de edad. Por desgracia, el cardenal Quarracino murió unos meses después de aquel nombramiento, antes de cumplir los setenta y cinco años, la edad canónica para presentar la dimisión, así que, el 28 de febrero de 1998, de pronto me encontré dirigiendo la gran arquidiócesis porteña.

Desempeñé esta tarea tan delicada con una única gran prioridad: estar al servicio sobre todo del pueblo argentino, que estaba abrumado por la miseria y la pobreza. Fue un desafío y un regalo enorme poder llevar el Evangelio de Jesucristo tanto a los poderosos, tantas veces sordos por estar distraídos con otros intereses y con una sociedad cada vez más «líquida», como a los últimos, los predilectos del Señor, que con sus ojos ansiosos de amor y sus silencios ensordecedores me enseñaron bastante. En esos hermosos años, estreché manos ajadas y heridas de personas que llevaban días sin probar alimento. Manos que robaron para poder quitarles el hambre a sus hijos, manos que buscaron ayuda para cambiar de vida y ser mejores. Acaricié caras de jóvenes y ancianos, abandonados al borde del camino, sin esperanza; caras de mujeres a las que les habían robado la dignidad; caras de padres aterrorizados y caras de madres martirizadas por la indiferencia. Caras de niños y niñas a los que les habían robado el futuro. Y en todos ellos encontré siempre al único Salvador, Jesucristo, que es el camino, la verdad y la vida.

Es un regalo, todos tienen que saberlo, todos tienen que experimentarlo. Ensuciémonos las manos, démosle sentido a nuestra existencia al buscar a Dios en medio de los pobres, al tocar sus manos, al mirarlos a los ojos. Estando entre los invisibles de nuestras ciudades, acogiéndolos y apoyándolos, sacaremos provecho y nuestra vida mejorará. Incluso ahora, que al ser papa me encuentro lejos de las calles de la Argentina, sé que este es el único camino, junto a la oración, para sentir todos los días la presencia del Señor. Basta una comida con los pobres, basta un encuentro, una mirada, para recuperar la fuerza necesaria y seguir adelante.

Volviendo a ellos, y sabiendo que Buenos Aires era una sede históricamente cardenalicia, esperaba que también llegara el púrpura. Y así fue. En 2001, Juan Pablo II decidió elegirme cardenal junto a otros cuarenta y tres hermanos. Fue otra novedad que viví religiosamente, rezando, con la certeza evangélica de que cada ascenso implica una caída. El consistorio tuvo lugar el 21 de febrero en la plaza de San Pedro, en Roma. Nadie podría imaginar que, ese mismo año, el mundo entero quedaría horrorizado ante los ataques terroristas del 11 de septiembre en los Estados Unidos de América.

X

LOS ATAQUES TERRORISTAS
DEL 11 DE SEPTIEMBRE

En el arzobispado, la gente viene y va: empleados, personal de limpieza, técnicos, ordenanzas, sacerdotes, monjas... Unos llevan trabajando desde las siete y media de la mañana; otros están a punto de empezar su turno y se quedarán ahí hasta la noche. Es un día como cualquiera en la avenida Rivadavia. Un camión estacionado delante del edificio descarga cajas con artículos de papelería, y un electricista, subido a una escalera, cambia las lamparitas fundidas en algunas oficinas de la curia.

Entre ellas se encuentra la de la señora Otilia, secretaria del arzobispado, que entre cigarrillo y cigarrillo escucha con un oído al técnico y con el otro está atenta a posibles llamadas de la sala del cardenal, el arzobispo Bergoglio. Está un poco nerviosa porque, como casi todos los días, hay una lista interminable de personas que vendrán a que las reciba el purpurado y ella deberá encargarse también de atenderlas. No conoce a aquella gente ni tiene sus números telefónicos; casi todas son citas que reserva a diario el arzobispo, que lleva una agenda personal donde lo anota todo.

El padre Jorge —muchos aún lo llaman así, en lugar de «eminencia»— llegó temprano aquella gélida mañana de septiembre, como todos los días, en sotana y cargando su bolsa negra. Vive en un pequeño departamento en la tercera planta del arzobispado: una pieza con baño, una habitación con un escritorio y una estantería detrás, y una minúscula capilla. A diferencia de muchos otros purpurados, la ropa cardenalicia que guarda en el armario no está hecha a medida. Es la que utilizó Quarracino, remendada y adaptada por las monjas. En una repisa de la habitación tiene una estatuilla de san Francisco de Asís, una imagen de santa Teresa de Lisieux, de quien es devoto, y un gran crucifijo frente al que reza a diario, apoyando la mano en la pared. En otro mueble reposa el san José durmiente que guarda desde que era provincial de los jesuitas y debajo del cual, de vez en cuando, mete las notitas en las que escribe las situaciones que le cuesta superar.

En el elegante barrio de Olivos, a unos veinte kilómetros del centro de la ciudad, había una enorme y señorial residencia arzobispal que él transformó en una casa para ejercicios espirituales. El nuevo cardenal renunció incluso al histórico despacho del arzobispado. Se instaló en una habitación más pequeña y austera, y transformó aquella mucho más lujosa que le correspondería en un almacén para libros, objetos y productos alimenticios para donar. En resumen, el jesuita ha mantenido la costumbre de repartir lo que le regalan a quien más lo necesita. Además, a sus sesenta y cuatro años, se desplaza en metro o en colectivo; tampoco necesita la limusina, y al chofer le encontró un trabajo nuevo.

De hecho, el día anterior, en uno de esos viajes en transporte público, conoció a un pequeño grupo de jóvenes maestros y maestras que, tras una breve conversación y con una pizca de descaro, le pidieron audiencia para el día siguiente, con ocasión del Día del Maestro. En Argentina, cada 11 de septiembre se festeja a los maestros de escuela en memoria de Domingo Faustino Sarmiento, expresidente y escritor que dedicó buena parte de su vida al desarrollo de la educación pública en el país. Al volver a casa, Bergoglio revisó su agenda y, esa misma noche, llamó a uno de aquellos jóvenes para confirmar la audiencia del día siguiente. Ahora están todos en la lista de las audiencias matutinas que tiene la secretaria.

Son las diez y veinte. Una pequeña delegación de pequeños empresarios acaba de salir del despacho del cardenal y la puerta vuelve a quedar abierta. Desde ahí, el padre Jorge escucha un parloteo nervioso y que alguien incluso alza la voz. Hay un extraño movimiento de personas, gente que sale de las oficinas. También él se asoma por la puerta y ve a un grupito de colaboradores de la curia inmóviles delante de un pequeño televisor. Al acercarse, ve una escena que parece de película. Sin embargo, es real. Una edición especial del noticiero transmite las imágenes de una de las dos Torres Gemelas de Manhattan, la Torre Norte, en llamas. El corresponsal en los Estados Unidos cuenta en directo, por teléfono, que un avión se estrelló contra el rascacielos.

El padre Jorge revisa el reloj que lleva en la muñeca: ya son las diez y media, sería hora de otra visita; pero lo que está viendo en la televisión es tan inconcebible que lo deja paralizado. No alcanza siquiera a preguntar qué está pasando cuando un segundo avión se estrella contra la Torre Sur del World Trade Center. Todo ha ocurrido en cuestión de media hora, la televisión argentina ha montado esa edición especial lo más rápidamente posible y ahora reciben las primeras imágenes en diferido de las grandes cadenas estadounidenses.

«Madre de Dios...» son sus primeras y únicas palabras, pronunciadas en voz baja. Cierra los ojos y agacha la cabeza, de inmediato recogiéndose para la oración. Una nube oscura de humo invade las calles de Manhattan; gente cubierta de polvo intenta escapar con

dificultad y alguien se lanza desde una torre en llamas. Quienes
han logrado huir de los edificios, piden ayuda con la cara ensan-
grentada. Se oyen las sirenas de los bomberos, de las ambulancias;
el llanto de unos, los gritos de otros. Es una escena apocalíptica: los
Estados Unidos están siendo atacados. El saldo será de casi tres mil
muertos.

Mi corazón quedó destrozado frente a aquellas imágenes; asistía-
mos a algo sobrecogedor, que jamás siquiera habríamos imaginado. Mi primer pensamiento se dirigió de inmediato a todas las
personas que estaban dentro de las torres y luego a sus familiares,
que seguro pasarían días dramáticos. Me recogí en oración, pidiendo al Señor que aliviara el sufrimiento de aquella gente y que
acogiera a las víctimas inocentes de semejantes actos tan inhu-
manos. Lloré por ellos. Esa mañana solo vi el vídeo del segundo
avión chocando contra la torre. Más tarde, me mostraron también
las imágenes del primero y del ataque al Pentágono, así como del
avión estrellado en Pensilvania. Me quedaron grabadas las caras
de esos estadounidenses, perdidos, desconcertados, cubiertos de
polvo o en medio de los escombros, que huían o que eran soco-
rridos. Qué tristeza... Cada vez que pienso en ellos, me vienen a la
mente las imágenes de las guerras repartidas por el mundo y del
sufrimiento de quienes acaban bajo las bombas. Aquel 11 de septiembre, la guerra llegó al corazón de Occidente; ya no era algo que
tenía que ver solo con Oriente Medio o con algún país de África o
de Asia, casi siempre ajeno para los habitantes del llamado «primer mundo». Los Estados Unidos, reconocidos como una de las
grandes potencias del mundo, habían sido atacados.

Al principio, cuando el primer avión se estrelló contra el rascacielos, todos pensamos que se trataba de un accidente. Con el segundo, la verdad se puso de relieve: se trataba de un ataque terrorista y el mundo se encaminaba hacia la pesadilla de la guerra. Por esos días, algunos conspiracionistas salieron a decir en los periódicos o en internet que aquella mañana los judíos no habían ido a trabajar al World Trade Center poque estaban sobre aviso de lo que iba a ocurrir. Esta grave acusación abría una herida quizá incluso más honda que lo que estaba sucediendo en esos días, pues se señalaba a un pueblo inocente que en la historia ha sido víctima de un genocidio que clama venganza ante los ojos de Dios. Todo el mundo estaba desesperado, sin distinción de religión. Ese día se derramaron lágrimas de dolor ante un fratricidio; ante la incapacidad de hacer convivir nuestras diferencias mediante el diálogo. Fue una pérdida injusta e insensata de vidas inocentes con un acto de violencia inaudita; la negación de toda religión auténtica.

Es una blasfemia, como sucedió entonces, utilizar el nombre de Dios para justificar masacres, homicidios, ataques terroristas y la persecución de individuos o de comunidades enteras. Nadie puede apelar al nombre del Señor para hacer el mal. Los hombres de la Iglesia tienen el deber de denunciar y poner al descubierto todo intento de justificación de cualquier forma de odio en nombre de la religión, y de condenar a aquellos que cometen esta falsificación idólatra de Dios.

El día de los atentados del 11 de septiembre la muerte parecía haber tomado el control de la situación, pero una pequeña llama seguía brillando en la oscuridad: la del amor. En medio de aquel dolor lacerante, el ser humano supo mostrar su mejor cara, la de la bondad y el heroísmo. Pensemos en aquellas personas que se mostraron dispuestas a ayudar a los equipos de rescate, en quienes distribuyeron agua y alimentos, en quienes mantuvieron sus negocios abiertos para asistir a las fuerzas del orden, en quienes contribuyeron con mantas y artículos de primera necesidad, incluso desde lejos. Pensemos en las manos que se tendieron en una metrópolis que podría parecer orientada únicamente al lucro, pero se mostró capaz de generar solidaridad con todos.

En aquel momento, las diferencias religiosas, de sangre, de origen y políticas quedaron en segundo plano en nombre de una fraternidad que no conoce fronteras. Todos eran estadounidenses, ¡y se sentían orgullosos de serlo! Pienso también en los policías y en los bomberos de Nueva York que entraron en las torres, ya al borde del colapso, para salvar cuantas vidas humanas fuera posible. Lo arriesgaron todo, pusieron la vida de los demás antes que la suya. Algunos cayeron en servicio; otros lograron salvar a muchas personas mientras la devastación reinaba alrededor.

En 2015 quise visitar ese lugar, el monumento de la zona cero, para celebrar un encuentro interreligioso. Rezamos todos juntos al Señor para que nos fortaleciera en la esperanza y nos concediera el valor de trabajar por un mundo donde la paz y el amor puedan reinar entre las naciones y en los corazones de todos. En aquella ocasión también pude conocer a los familiares de algunos de los socorristas caídos en servicio. En sus ojos vi un dolor insondable, pero también la fuerza del recuerdo y del amor. Muchos habían perdonado en honor a sus seres queridos, que jamás habrían buscado venganza. Nuestro compromiso con la paz tiene que ser diario, sobre todo con los países donde la guerra parece no tener fin.

Al día siguiente de los ataques, el 12 de septiembre de 2001, todos rezamos en comunión con el papa Juan Pablo II, que en la audiencia general elevó su súplica a Dios pidiéndole que, «frente al horror de la violencia destructora», nos asistiera en esos días de luto y dolor inocente. En su homilía, el papa dijo que estábamos viviendo un día oscuro en la historia de la humanidad y que lo que había ocurrido en los Estados Unidos había sido una terrible afrenta contra la dignidad humana. Tuvimos la oportunidad de hablar de ello en persona, con él y con otros hermanos cardenales, a finales de mes, cuando llegué al Vaticano para la Asamblea General del Sínodo de los Obispos, dedicada precisamente a la figura del obispo.

Mientras en Buenos Aires se abre paso la primavera, en Roma el otoño regala un espectáculo único: las hojas amarillas de los árboles que bordean el Tíber revolotean en el aire, acariciadas por el viento. Los reflejos dorados del sol se entrecruzan con los colores cálidos de la estación, mientras las sombras se alargan a orillas del río. El agua refleja las majestuosas estatuas del puente Sant'Angelo. Se observan algunas figuras envueltas en abrigos oscuros que, con paso decidido, buscan cobijo ante las primeras ráfagas de viento, ya frío.

El padre Jorge llegó hace diez días; es la tercera vez que visita Italia desde el Consistorio de febrero. Hizo una breve parada en Turín para saludar a unos familiares. Se hospedó en casa de su prima y luego se dirigió a la capital a participar en el sínodo, que durará hasta finales de octubre. La poesía de esos paisajes de postal se ve interrumpida por el caos matutino y el estruendo de los vehículos. El Lungotevere está paralizado, las motos tratan de adelantar por derecha e izquierda la infinita columna de autos. Un taxista insulta por la ventana a otro automovilista, mientras el conductor de un colectivo, el enésimo que tiene que aflojar por el embotellamiento, trata de mantener a raya a un grupo de estudiantes universitarios de primer año que protesta por el retraso. Los turistas, por su parte, van a pie, y en tropel se dirigen hacia la plaza de San Pedro. Muchos le sacan fotos al Tíber y buscan el mejor encuadre para mostrárselas a sus amigos cuando vuelvan a casa.

Por esos días, los quioscos de la calle exhiben aún revistas y diarios dedicados a los ataques terroristas del 11 de septiembre. En Italia también se sigue hablando de eso. Después de todo, no pasó ni un mes desde la tragedia y el 7 de octubre el Gobierno estadounidense y sus aliados iniciaron la Operación Libertad Duradera en Afganistán: bombardeos aéreos en apoyo a los rebeldes y ataques terrestres luego de que el líder talibán, el mulá Omar, se negara a entregar al líder de Al Qaeda, Osama bin Laden, el cerebro detrás de los atentados en los Estados Unidos. En resumen, el mundo vuelve a estar en guerra.

Un rápido vistazo a los diarios da también el cardenal Bergoglio, que por fortuna no está atrapado en el tráfico porque va a pie, como suele hacer todas las mañanas. Una caminata de unos veinticinco minutos, bajo el pálido sol del otoño romano, desde la residencia sacerdotal en Via della Scrofa, a dos pasos de plaza Navona, hasta el Vaticano, donde se lleva a cabo el Sínodo de los Obispos. El cardenal argentino es ponente general adjunto de la asamblea y todos los días trabaja en estrecho contacto con obispos y cardenales de todo el mundo para redactar la Relatio Synodi, que resumirá el fruto de las discusiones y de las intervenciones de los participantes.

El 2 de octubre, el jesuita también intervino en la asamblea para compartir sus reflexiones sobre la figura del obispo, subrayando que, en su opinión, los pastores deben tener predilección por los pobres, un espíritu misionero y, sobre todo, ser profetas de la justicia, en particular con los parias de la sociedad. El purpurado porteño leyó ante la cámara ese breve discurso en su lengua materna, retomando una meditación de 1996, escrita con motivo de los ejercicios espirituales que dirigió para los obispos españoles. De hecho, señala las diferencias entre los pastores que vigilan al pueblo y los que velan por él: «Supervisar hace referencia más al cuidado de la doctrina y de las costumbres en su expresión y en su práctica; en cambio, velar dice más a cuidar que haya sal y luz en los corazones. Vigilar habla de estar alerta al peligro inminente; velar, en cambio, habla de soportar con paciencia los procesos en los que el Señor va gestando la salvación de su pueblo. Para vigilar basta con ser despierto, astuto, rápido. Para velar también hay que tener además la mansedumbre, la paciencia y la constancia de la caridad probada. [...] Supervisar y vigilar nos hablan de cierto control necesario. Velar, en cambio, nos habla de esperanza. La esperanza del Padre misericordioso que vela el proceso de los corazones de sus hijos».

En los días sucesivos, durante las pausas de trabajo, los cofrades se acercan a Bergoglio. Algunos lo felicitan todavía por su intervención; otros quieren debatir con él sobre este y otros temas. Pero también hay tiempo para comentar las noticias de los diarios, entre ellas, la guerra contra el terrorismo guiada por los Estados Unidos tras el ataque a las Torres Gemelas.

Mi nombramiento como ponente adjunto estuvo en cierto modo vinculado a los ataques terroristas. El ponente del sínodo era el cardenal Edward Egan, el arzobispo de Nueva York, que unos días antes del 11 de octubre de 2001 había pedido permiso al papa para volver a casa con motivo de la conmemoración del primer mes de los atentados. Además de la celebración prevista para esa fecha, Egan sabía bien que en ese momento era su deber estar cerca del pueblo herido, sobre todo para consolar a los familiares de las víctimas y de los socorristas que murieron en el terreno. No lo pensó dos veces. A pesar de aquel gran compromiso en el Vaticano, pidió volver a los Estados Unidos y, obviamente, Juan Pablo II, que participaba en todas nuestras reuniones, lo autorizó sin ningún problema. Entonces, el papa me nombró a mí en su lugar como ponente. Tengo que admitir que, al principio, me asustó un poco ese papel, pero, gracias a Dios, todo salió bien.

Trabajé todos los días, codo a codo, con el secretario especial del sínodo, el entonces obispo de Oria, monseñor Marcello Semeraro, ahora cardenal. Sacamos adelante la Asamblea General hasta el final, sin contratiempos. Durante los momentos de descanso, hablábamos con los demás hermanos del episcopado sobre la guerra de Afganistán, los ataques en los Estados Unidos y la necesidad de que los líderes islámicos se unieran a la condena de los graves atentados perpetrados en nombre de Dios. De hecho, el silencio de algunos fundamentalistas generó sentimientos de malestar hacia nuestros hermanos musulmanes y esto, por desgracia, continuó durante muchos años. A pesar de no compartir sus opiniones, leí y me llamaron la atención también los comentarios de la periodista italiana Oriana Fallaci sobre este tema.

Por el contrario, cristianos y musulmanes estamos llamados

a caminar juntos, a dialogar, conscientes de las diferencias culturales y religiosas, evitando vernos como enemigos. Debemos acoger a nuestros hermanos y hermanas de religión islámica como compañeros de camino y trabajar juntos por un mundo más justo y equitativo, reconociendo los derechos y las libertades fundamentales, sobre todo la religiosa, y convirtiéndonos en constructores de civilización. Hay quienes siembran el odio, quienes incitan a la violencia. Nosotros, en cambio, debemos responder con amor y con educación, educando a las nuevas generaciones en el bien para que transformen el aire contaminado por el odio en el oxígeno de la fraternidad.

Con este fin, mi hermano el gran imán de Al-Azhar, Ahmed el-Tayyib, y yo firmamos en 2019, en los Emiratos Árabes Unidos, el «Documento sobre la fraternidad humana por la paz mundial y la convivencia común». Uno de los pasajes que suscribimos subraya que, partiendo de nuestra responsabilidad religiosa y moral, «pedimos a nosotros mismos y a los líderes del mundo, a los artífices de la política internacional y de la economía mundial, comprometerse seriamente para difundir la cultura de la tolerancia, de la convivencia y de la paz; intervenir lo antes posible para parar el derramamiento de sangre inocente y poner fin a las guerras, a los conflictos, a la degradación ambiental y a la decadencia cultural y moral que el mundo vive actualmente». Quisimos hacer un ferviente llamado para que se redescubran los valores de la paz, la justicia, el bien y la hermandad humana, reafirmando la importancia de esos valores como tablas de salvación para todos y buscando difundirlos por todas partes.

Se necesita una gran hermandad para superar las sospechas hacia quienes son diferentes a nosotros y detener las persecuciones de los fanáticos contra tantos cristianos en el mundo, obligados a huir de sus tierras. Son hombres y mujeres que, como las primeras comunidades cristianas, huyen y conservan su fe como un tesoro que da sentido a sus vidas. Después del 11 de septiembre tuvimos que aprender un mundo diferente, donde a veces se ha impuesto el miedo y donde el horror de las persecuciones ha seguido de la mano de los terroristas. Los vimos degollar a cristianos inocentes ante el silencio cómplice de algunos, sobre todo de las naciones que habrían podido detenerlos y no lo hicieron.

Pero la historia de la Iglesia siempre estuvo marcada por hechos como estos. La persecución se inició contra Jesús y continúa hoy con los mártires que dan testimonio del Evangelio. A estos hermanos y hermanas, mártires de nuestros días, que son muchos más que los de los primeros tiempos, quiero decirles con fuerza: no tengan miedo de prestar testimonio, con amor, del Señor a través de sus acciones; no se dejen intimidar por quienes tratan de sofocar la fuerza evangelizadora con arrogancia y violencia. Podrán matar el cuerpo, pero no tendrán ningún poder sobre el alma.

Volviendo al sínodo que inició cuando no había pasado ni un mes de los atentados terroristas en los Estados Unidos, todos, obispos y cardenales, teníamos claro que pronto ocurriría una revolución geopolítica. El equilibrio mundial volvería a cambiar ante la amenaza y los ataques perpetrados en nombre de la «guerra santa» por parte de algunos grupos terroristas formados por fanáticos religiosos. En ese contexto, se le pedía a la Iglesia más que nunca que actuara para impulsar la paz y el diálogo entre las religiones.

Nuestras discusiones sobre el tema quedaron abiertas. Volví a la Argentina a finales de octubre para retomar mi vida cotidiana. Debo confesar que trataba de estar lo menos posible lejos de mi rebaño, dejaba la Argentina solo si tenía algún compromiso fundamental e improrrogable. Después de todo, mi misión era quedarme junto al pueblo y velar por él.

Al cabo de unos meses, en diciembre de 2001, una grave crisis económica devastaría el país, dejándolo al borde del colapso, con revueltas sociales y gran incertidumbre política. Se trataba de la primera señal de alarma de lo que iba a vivir el mundo en los años venideros, la gran recesión que cambiaría para siempre las vidas de millones de personas.

XI

LA GRAN
RECESIÓN ECONÓMICA

La catedral de Buenos Aires está inmersa en el silencio, tan solo unos pasos resuenan sobre el suelo de mosaico veneciano. Es María Paz, que llegó helada después de un trayecto de una media hora a pie desde la plaza Constitución, donde vive desde hace unos años junto a su marido, Marcelo. En las noches lluviosas de este septiembre de 2008, ambos encuentran cobijo bajo las marquesinas de la estación de ómnibus. Pero la lluvia no es lo único de lo que tienen que defenderse: cuando cae la noche, traficantes y proxenetas sin escrúpulos toman la plaza, y su vida corre permanente peligro.

Durante el día, Marcelo hurga en los tachos de basura de la ciudad en busca de papel y cartón para revender y poder reunir un poco de dinero. Es uno de los muchos cartoneros hijos de la crisis económica que arrasó la Argentina en diciembre de 2001. María Paz, por su parte, se pasa el día buscando algún laburito improvisado, casi siempre sin éxito. Como todas las mañanas, se despertó al amanecer, con el ruido de los primeros colectivos, envuelta en una manta desgastada que no logra protegerlos de los mordiscos del frío invernal. Se lavó la cara en una fuente y decidió ir hasta la catedral. Corre el rumor entre los sin techo de que a la mañana temprano es posible ver al cardenal Bergoglio, que se pone a disposición de los fieles para confesarlos, como cualquier cura.

Ella lo vio en persona solo una vez, el pasado primero de julio, cuando fue con Marcelo a la parroquia de Nuestra Señora Madre de los Inmigrantes, en el barrio La Boca. Ahí el cardenal celebró una misa organizada por el Movimiento de Trabajadores Excluidos, una organización popular que reúne cartoneros, prostitutas, migrantes indocumentados, víctimas del tráfico de personas, personas en situación de calle y otras que viven en los márgenes de la sociedad.

La cara de la mujer está marcada por el paso del tiempo, el pelo se le puso gris y las manos rojas, entumecidas por el frío. Dentro de la catedral encuentra consuelo en la llama de la vela encendida frente a la estatua de Nuestra Señora de la Bonaria. Se sienta en uno de los bancos, a los que ya les sacaron brillo, así como a los antiguos confesionarios de madera, que se remontan al siglo XVIII. Uno de ellos lo ocupa un sacerdote con la estola en los hombros, listo para confesar a quien lo necesite.

María Paz no tiene grandes pecados que confesar, simplemente busca que un padre la escuche y le ofrezca unas palabras de consuelo.

—Ánimo, que no muerdo, ¿eh?

La voz proviene del confesionario y es precisamente la del cardenal Bergoglio. Ante el titubeo de la mujer, emocionada e intimidada a la vez, el cardenal sale por la puertita central, se sienta en un banco vacío y le hace un gesto para que se acerque.

Los dos empiezan a hablar y se enfrascan en la conversación por más de media hora. Es sobre todo María Paz la que habla de su vida, de la de su marido Marcelo y de cómo la crisis del 2001 destruyó su existencia.

—Justo esta mañana —le dice el arzobispo en voz baja— escuchaba que está pasando lo mismo en los Estados Unidos. Tarde o temprano, la crisis económica nos afecta a todos... Pero ustedes hicieron bien en seguir unidos a pesar de los problemas, ¡es de auténticos cristianos! Se prestaron fuerza mutuamente. Vení a tomar algo caliente, te hace falta —añade el cardenal, dándole en mano el dinero que llevaba en el bolsillo de los pantalones.

La mujer se queda descolocada, no sabe si reír, si llorar, si abrazarlo. Instintivamente, se arrodilla y le besa la mano. El jesuita la ayuda a levantarse y, después de ofrecerle un té con unas galletas, se despide para ir a su despacho en la curia.

—Eminencia, ¿debemos preocuparnos? —le pregunta un colaborador, Gustavo, cuando se lo cruza a la entrada del palacio arzobispal—. Leí en internet que se hundió la banca en los Estados Unidos y que está comenzando una crisis...

El almanaque está abierto en el 15 de septiembre. Justo esa mañana, poco antes del amanecer, uno de los mayores bancos de inversión de los Estados Unidos, el Lehman Brothers, se declaró en bancarrota. Se hundió por las hipotecas subprime, préstamos concedidos con fines especulativos a ciudadanos que, en realidad, no tenían recursos ni garantías para pagarlos. La gran operación comercial realizada por el banco resulta ser un bumerán: el Lehman, que había lucrado con esas hipotecas de manera despiadada, se convierte en víctima de especulaciones financieras. Las cuentas de la institución se hunden, la Reserva Federal y el secretario del Tesoro buscan, entre las figuras más influyentes de Wall Street, un comprador que en el último momento se echa para atrás. No hay alternativa al impago: veinticinco mil empleados del coloso financiero son despedidos, las bolsas estadounidenses se hunden y contagian también a las latinoamericanas, europeas y asiáticas. En los cajeros automáticos, filas interminables *de personas aterrorizadas tratan de retirar sus ahorros, la burbuja del mercado inmobiliario estalló y desencadenó una crisis que llevará a la gran recesión.*

En realidad, en todo el mundo se desató una reacción en cadena que, con los años, produjo nuevas desigualdades y nueva pobreza, sobre todo en los países más industrializados. Todavía me acuerdo de las caras desconsoladas de los empleados de ese banco norteamericano; hombres y mujeres a los que echaban del edificio, llevando en cajas sus últimas pertenencias. Recé para que el Señor pudiera consolarlos, al igual que recé por toda esa gente que, de golpe, lo había perdido todo: los ahorros de una vida, el sueño de una casa, todo se había ido al traste en pocos segundos.

Quienes visitaron Nueva York en ese periodo me hablaban de colas larguísimas frente a los comedores sociales. El desempleo había alcanzado niveles nunca vistos y en la fila por un pedazo de pan y un plato de comida caliente ahora encontrabas también exjefes y exadministradores delegados de empresas que, hasta hacía unos días, habían especulado con la vida de los demás. El ascensor social, que en el pasado había permitido a tanta gente salir de una situación de desesperación, se rompió por completo en todo el mundo, y todavía sigue siendo solo un espejismo para mucha gente. El actual sistema económico es insostenible. Ya dije otras veces que esta economía mata, ¡no hay más tiempo que perder!

Vivimos un momento en el que urge repensar el modelo económico y repensarnos a nosotros mismos; verlo todo con los ojos de los pobres y de los «marginados», pensando en cómo combatir el aumento de las desigualdades y cómo superar la indiferencia hacia esas personas que son nuestros hermanos y hermanas. Para tener esperanza en el futuro, junto con los jóvenes, debemos desarrollar un modelo económico diferente, basado en la equidad y en la fraternidad; un modelo económico que le permita a la gente vivir en lugar de matarla; que no aspire a especular con sus vidas, sino que las ponga en primer plano. Una economía que sea inclusiva, que humanice, que cuide de la creación y no la destruya.

En mi encíclica *Hermanos todos* afirmé, con relación a esto, que «el derecho de algunos a la libertad de empresa o de mercado no puede estar por encima de los derechos de los pueblos, ni de la dignidad de los pobres [...]. El mercado solo no resuelve todo, aunque otra vez nos quieran hacer creer este dogma de fe neoliberal». Quiero aclarar que estas no son palabras de condena hacia el mercado, sino palabras que buscan poner en evidencia los riesgos y las desviaciones que el sistema ha producido y produce. Pensemos, por ejemplo, en la penetración del mercado en algunos ámbitos donde la gestión de los bienes se había hecho siempre de manera comunitaria.

Desde el punto de vista de una ética amiga de las personas y del medioambiente, el desafío será «civilizar el mercado», pidiéndole que se ponga al servicio del desarrollo humano integral y no solo que sea eficiente en la producción de riqueza. Debemos unirnos, todos y todas, para luchar contra el aumento sistemático de las desigualdades y de la explotación del planeta, que son algunas de las causas que profundizan la brecha con la periferia, resultado de un sistema cuyo único fin es el lucro. Por el contrario, hay que asumir estructuralmente «que los pobres tienen la dignidad suficiente para sentarse en nuestros encuentros, participar de nuestras discusiones y llevar el pan a sus mesas. Y esto es mucho más que asistencialismo. Estamos hablando de una conversión y transformación de nuestras prioridades y del lugar del otro en nuestras políticas y en el orden social», como dije a los miembros del movimiento internacional The Economy of Francesco, que reúne a jóvenes economistas, emprendedores y activistas comprometidos con un diálogo inclusivo para una nueva economía.

El estallido de la crisis económica en los Estados Unidos me impactó especialmente porque ya había visto de cerca las consecuencias que semejante situación puede producir. En diciembre de 2001, la Argentina se había precipitado en esta pesadilla: los bancos colapsaron, el Gobierno congeló las cuentas corrientes y muchas actividades comerciales quebraron. Prácticamente la mayoría de los argentinos acabó en la pobreza.

Poco antes de la Navidad de 2001, abrimos en la sede de Cáritas una «mesa de diálogo argentino» para poner en contacto a los líderes civiles y religiosos del país, y encontrar juntos una solución en beneficio del pueblo. Yo asistí como presidente de la Conferencia Episcopal argentina y arzobispo de Buenos Aires, pero también participó el presidente Fernando de la Rúa, que fue criticado por los manifestantes reunidos en Plaza de Mayo. Después de decretar el estado de sitio, millones de personas salieron a la calle, sartén en mano, aporreando las cacerolas para exigir la dimisión del gobierno. La Casa Rosada, sede de la presidencia, fue atacada, y el presidente, que huyó en helicóptero, dimitió a las pocas horas.

Mientras tanto, como Iglesia, nos pusimos en marcha en los

meses sucesivos para empezar a trabajar de inmediato. Debíamos ser una especie de hospital de campaña para los necesitados. Las parroquias permanecieron abiertas día y noche para ofrecer hospitalidad a quien se hubiera quedado sin casa; pedimos a los fieles a los que les fuera posible que llevaran a misa o directamente a Cáritas bienes de primera necesidad para distribuir entre los sin techo; abrimos centros médicos para distribuir gratuitamente medicamentos y colocamos hornos de gas bajo los puentes para hacer pan y repartirlo. También se construyeron estructuras para acoger a los desposeídos y arrancaron nuevos proyectos sociales para garantizarle un futuro a quien lo hubiese perdido todo. Los voluntarios debían tener un único objetivo: poner a las personas en primer plano y, sobre todo, saber escuchar sus necesidades.

He querido destacar el concepto de escucha porque muchas crisis, como la que empezó en septiembre de 2008, se habrían podido evitar si los grandes, en muchas ocasiones, en lugar de pensar en su propio beneficio y en el dios dinero, hubieran escuchado, al menos una vez, la voz de los más chicos. Hablé de la importancia de la escucha, también con relación a estos temas, varias semanas después, en octubre, con motivo de una peregrinación muy sentida en la Argentina.

La plaza Belgrano, enfrente del santuario de Nuestra Señora de Luján, está abarrotada por una multitud de jóvenes. Hay por lo menos un millón que caminaron más de quince horas para completar la trigésima cuarta peregrinación consagrada a la patrona del país. Partieron el 4 de octubre a mediodía del santuario de San Cayetano, en el barrio porteño de Liniers, llevando en procesión la *Imagen Cabecera*, una pequeña reproducción de la estatua original de la Virgen. A lo largo del trayecto, los voluntarios han dado asistencia y apoyo a quien lo ha necesitado. Muchos otros han parado a descansar en los puestos, presentes a lo largo de todo el recorrido, que venden fruta, agua fresca, golosinas, recuerdos y objetos religiosos, sobre todo rosarios. Hay quien participa para pedir un milagro a la Virgen, y quien lo hace por simple devoción. Algunos, en cambio, piden su gracia para encontrar trabajo o para poder comprar una casa, después de haberlo perdido todo a raíz de la crisis económica. Hay también quien busca el amor y se encomienda a la Virgen, así como quien espera un milagro en su graduación a final de curso, algo que sería demasiado, incluso para Luján.

Después de una fatigosa marcha de sesenta kilómetros, los peregrinos llegan por fin a destino. El reloj marca las seis y cuarenta y cinco de la mañana siguiente, domingo 5 de octubre de 2008. La estatua original de la Virgen, envuelta en un largo manto azul, espera a los fieles delante del santuario para uno de los momentos más emocionantes de la peregrinación: el encuentro de las dos estatuas y el acto de devoción de todos los presentes.

También se encuentra allí el cardenal Bergoglio que, como cada año, celebra la misa solemne en la plaza, junto a los demás obispos y sacerdotes. De hecho, también él es devoto de la Virgen de Luján. El tema de la peregrinación de este año es «Madre, enséñanos a escuchar», y en la homilía el purpurado jesuita invita a los fieles a reflexionar con unas palabras de esperanza: «Cuántos problemas se resolverían en la vida si aprendiéramos a escuchar, si aprendiéramos a escucharnos a nosotros mismos. Porque escuchar al otro es detenerse un poco en su vida, en su corazón y no pasar de largo, como si no nos interesara. Y la vida nos está acostumbrando a pasar de largo, a no interesarnos por la vida del otro, por lo que quiere decirme, o a responderle antes de que termine de hablar. Si en los ambientes en los que vivimos aprendiéramos a escuchar..., cómo cambiarían las cosas. Cómo cambiarían las cosas en las familias si marido, mujer, padres, hijos, hermanos aprendieran a escucharse... pero tendemos a responder antes de saber lo que quiere decir la otra persona. ¿Nos da miedo escuchar? Cuántas cosas cambiarían en el trabajo si nos escucháramos. Cuántas cosas cambiarían en el barrio. Cuántas cosas cambiarían en nuestra patria si aprendiéramos, como pueblo, a escucharnos. Madre, te pedimos que nos enseñes a estar callados para poder acoger a aquellos que necesitan contarnos su vida, a menudo cargada de dolor...».

Desde la plaza se desata un largo aplauso. Entre la multitud hay también muchos cartoneros, habitantes de las villas miserias acompañados por sus sacerdotes, gente a la que solo le quedan lágrimas tras haber visto cómo quebraba su negocio. La crisis económica global ha cambiado también la vida de muchos argentinos, aunque, afortunadamente, no ha afectado a la ya tocada estructura del sistema financiero del país. Es verdad que la bolsa sufrió un duro garrotazo, que desató momentos de histeria en las altas finanzas, que se desplomaron los precios de las exportaciones de productos como el aceite de semillas de soja, el trigo, los pellets de madera, el petróleo, y que el peso se devaluó en un diez por ciento con respecto al dólar. Pero los efectos, a causa sobre todo de la ausencia de capital extranjero en el país, no han sido desastrosos como en otras zonas del mundo.

En realidad, el golpe más duro lo habíamos recibido en 2001. Cuando después llegó la gran crisis de la banca norteamericana, en la Argentina arrastró a unos pocos sectores. Otros, a los que ya habían despellejado en la crisis anterior, por suerte no se vieron afectados. Recuerdo las palabras del papa Benedicto XVI, que comentando la suspensión de pagos de Lehman Brothers y la consiguiente gran recesión, aseguró que el derrumbe de las grandes instituciones crediticias estadounidenses ponía en evidencia el error de fondo: el Dios verdadero, una vez más, había sido eclipsado por la avaricia y la idolatría, falsificado como Mammón, la riqueza terrenal idolatrada y exaltada.

Lo que estaba ocurriendo en los Estados Unidos, y que más tarde afectaría a las grandes economías mundiales, había sido causado precisamente por la mentalidad enferma de aquellos que trataban, y aún hoy siguen tratando, de dejar con una mano adelante y otra detrás a los más débiles, intentando hacer dinero con su dinero. Todavía no han entendido que, por el bien de la humanidad, el trabajo debe estar en el centro de todo, como el único motor real capaz de poner en marcha la economía y dignificar al ser humano. En cambio, si en el centro ponemos un ídolo, el dinero, el sistema no será capaz de crear nuevos puestos de trabajo, haciendo que crezcan los índices de desempleo y robándoles de este modo el futuro a millones de personas.

Siento tener que decirlo, pero donde no hay trabajo no hay dignidad, y hoy cada vez resulta más difícil para los jóvenes encontrar una ocupación estable, con un salario digno que les permita pagar alquileres cada vez más caros e hipotecas astronómicas que, con frecuencia, recaen en los hombros de los padres. Cuando estos costos recaen sobre los jóvenes mismos, la situación puede volverse incluso más grave. Esto es dramático y es uno de los efectos de esta economía enferma, y quiero reiterar que la política debería actuar precisamente sobre estos temas, porque sin medidas correctoras el libre mercado se vuelve salvaje y produce cada vez más desigualdad. Por otra parte, preguntémonos: si los jóvenes no encuentran trabajo y acaban desempleados, ¿quién pagará las jubilaciones de quienes trabajaron toda la vida?

Recuerdo que en las peregrinaciones a Luján muchos chicos y chicas pedían a la Virgen la gracia de encontrar un empleo, aunque fuera pequeño, con tal de que fuera digno. En cambio, ofende ver a quienes se quejan frente a una oferta de trabajo buena y honesta. ¿No entienden que allá fuera hay una fila? Gente que quisiera recibir al menos la mitad del sueldo ofrecido.

¡Cuántas oraciones oí frente a la Virgen milagrosa, cuántas peticiones de gracia para salir de la crisis y de un periodo de desempleo! En aquellos encuentros se respiraba aire puro, el Espíritu Santo estaba con nosotros. Me acuerdo de ese río de gente que entraba al santuario para confesarse. Yo estaba siempre a disposición, como los demás sacerdotes, y confesaba desde las seis de la tarde del sábado hasta las diez y cuarto de la noche. Luego me retiraba a comer una empanada o un pedazo de pizza, trataba de dormir un poco y programaba el despertador a la una de la mañana del domingo. En ese momento volvía al santuario y seguía confesando hasta las seis o las seis y media. Luego, a las siete en punto empezaba la santa misa con todos los peregrinos que, mientras tanto, habían llegado desde Buenos Aires.

Fue durante una de estas peregrinaciones que conocí a don Ángel Fernández Artime, quien después pasó a ser rector mayor de los Salesianos y al que nombré cardenal en el consistorio de septiembre de 2023. En aquel entonces, él era el provincial argentino de la Congregación de Don Bosco. Cuando me lo presentaron, me contó que venía de España. Desde entonces, siempre lo llamé «gallego», una forma bromista y cariñosa que usamos los argentinos para apodar a todos los españoles, ¡aunque no sean originarios de Galicia!

Volviendo a las confesiones, puedo atestiguar que muchos penitentes, después de haber estado en Luján, encontraron las respuestas que andaban buscando; venían a que los confesara y, con la sonrisa dibujada en el rostro, me decían que finalmente sabían cómo afrontar aquella situación que los carcomía, asegurándome que había sido la Virgen la que los había inspirado.

Una noche se presentó ante mí un joven que tendría unos veinticinco o veintiséis años para que lo confesara: alto, robusto, con los brazos tatuados, aritos y pelo largo. Creo que ya no tenía padre. Me dijo: «Estoy acá porque tengo un gran problema. Después darle muchas vueltas, hablé con mi vieja y me dijo: "Andá a la peregrinación de Luján y vas a ver cómo la Virgen te da respuesta". Yo tenía mis dudas, pero le hice caso y vine hasta acá a pie». Le pregunté si ya había rezado frente a la Virgen y si había encontrado las respuestas que buscaba. Me respondió con una sonrisa: «La vi y ahora sé qué hacer...». Entonces le hice una broma: «¿Viste? ¡A estas alturas quizá yo ya sobre!». Nos reímos juntos, lo abracé y volvió a su vida.

Había quienes durante el año visitaban el santuario para pedir un milagro. En este caso, puedo contar la historia de un hombre, un obrero, que tenía una hija de casi diez años muy enferma. Había sido afectada por una infección y el médico dijo que la chiquita no pasaría de esa noche. Con lágrimas en los ojos, el hombre dejó a su esposa con su hija en el hospital, tomó el tren y se dirigió al santuario de Luján. Llegó hacia las diez de la noche y las puertas ya estaban cerradas; pero él, presa de la desesperación, se quedó toda la noche fuera del portón rezando, luchando por la salud de su pequeña. A las seis de la mañana, cuando se abrieron las puertas, entró de inmediato y corrió a rezar frente a la estatua de la Virgen. Luego volvió corriendo a Buenos Aires. Al llegar al hospital, no encontró ni a su mujer ni a su hija. Estaba más desesperado que antes, pensaba que había pasado algo grave, pero no tardó en recibir noticias de su esposa: «Los médicos dicen que la nena se curó, ocurrió algo inexplicable». Pueden imaginarse la alegría de esos padres que habían vivido un milagro gracias a la lucha nocturna de ese hombre aferrado a las rejas del santuario, rezando a la Virgen de Luján. El Señor había escuchado sus oraciones y permaneció a su lado, velando por él y por la niña.

Se necesita tanta fe de este tipo en el mundo. Recibirla es un don, porque es una fe tan grande que empuja al ser humano a luchar para obtener algo. Rara vez, en los lugares que visité, encontré una devoción tan poderosa, fruto de esa piedad popular que toca de manera particular a América Latina, que nace de un encuentro entre la cultura local y la fe cristiana. También esto es un don del Señor en un mundo cada vez más secularizado. ¡Es el Dios vivo que actúa en la historia!

Me sucedió en Luján, pero lo había constatado también en mayo del año anterior, 2007, en Aparecida, Brasil, uno de los mayores santuarios marianos del mundo, que cada año acoge a más de diez u once millones de peregrinos de todo el planeta. Allí participé en la quinta Conferencia General del Episcopado Latinoamericano y del Caribe, y presidí la comisión para la redacción del documento final. Fue realmente un momento de gracia. Trabajaba en estrecho contacto con Víctor Manuel Fernández, que en aquellos años enseñaba en la Universidad Católica Argentina y que este verano nombré prefecto del Dicasterio para la Doctrina de la Fe; en septiembre de ese mismo año, lo elegí cardenal. A veces nos quedábamos hasta las tres de la mañana con los documentos, y durante nuestras reuniones nos acompañaban los cantos y las oraciones de los peregrinos que llegaban al santuario. Los oíamos desde nuestra habitación. Recibimos sugerencias y consejos desde abajo, del pueblo de Dios, ¡y puedo afirmar que era el Espíritu Santo el que trabajaba ahí!

Son tres los pilares del documento final: la acogida a todo aquel que venga del pueblo; ser una Iglesia misionera que salga, que vaya al encuentro de la gente, de la comunidad, para compartir el regalo del encuentro con Cristo Salvador, y la piedad popular que nos permita seguir transmitiendo la fe de manera sencilla y genuina. Todavía recuerdo, como si fuera ayer, el discurso que Benedicto XVI pronunció cuando se iniciaron los trabajos, el 13 de mayo de 2007: «¿Cómo puede contribuir la Iglesia a la solución de los urgentes problemas sociales y políticos, y responder al gran desafío de la pobreza y de la miseria? [...] Tanto el capitalismo como el marxismo prometieron encontrar el camino para la creación de estructuras justas y afirmaron que estas, una vez establecidas, funcionarían por sí mismas; afirmaron que no solo no habrían tenido necesidad de una precedente moral individual, sino que ellas fomentarían la moralidad común. Y esta promesa ideológica se ha demostrado que es falsa. Lo hechos lo ponen de manifiesto. El sistema marxista, donde ha gobernado, no solo ha dejado una triste herencia de destrucciones económicas y ecológicas, sino también una dolorosa opresión de las almas. Y lo mismo vemos también en Occidente, donde crece constantemente la distancia entre pobres y ricos, y se produce una inquietante degradación de la dignidad personal con la droga, el alcohol y los sutiles espejismos de felicidad. [...] Donde Dios está ausente —el Dios del rostro humano de Jesucristo— estos valores no se muestran con toda su fuerza ni se produce un consenso sobre ellos. No quiero decir que los no creyentes no puedan vivir una moral elevada y ejemplar; digo solamente que una sociedad en la que Dios está ausente no encuentra el consenso necesario sobre los valores morales y la fuerza para vivir según la pauta de estos valores, aun contra los propios intereses». Palabras proféticas que nos acompañaron a lo largo de todo el proceso de redacción del documento y que pudimos comentar sobre todo cuando nos enfrentamos a los varios problemas sociales y a la lucha contra la pobreza generada por la crisis. Le estábamos realmente agradecidos al papa por su discurso. Personalmente, lo releí muchas veces, al igual que el documento de Aparecida, que hoy en día sigue muy vigente.

Por esto fue realmente un shock descubrir, el 11 de febrero de 2013, que Benedicto XVI había decidido renunciar al pontificado.

XII

LA DIMISIÓN
DE BENEDICTO XVI

El sonido insistente del teléfono resuena en las dependencias del arzo-
bispado. Son las ocho de la mañana y quien esté llamando sabe muy
bien que a esa hora el cardenal Bergoglio ya está trabajando. Pero
después de haber celebrado la misa, el padre Bergoglio, en lugar de
bajar directo a su despacho, como hace siempre, pasó rápidamente por
Canal 21, el canal de televisión de la archidiócesis, fundado en 2004.
Cada sábado retransmite un programa llamado Biblia, diálogo vi-
gente, una mesa redonda de casi una hora presentada por el pastor
protestante Marcelo Figueroa, biblista y periodista, en la que con-
versa con el cardenal Bergoglio y con Abraham Skorka, rabino de la
comunidad judía Beni Tikva y rector del Seminario Rabínico Latino-
americano. En cada programa, con los textos sagrados en mano, los
tres interlocutores, que son amigos desde hace años, abordan diferen-
tes temas mediante el diálogo interreligioso y ecuménico, entre ellos la
paz, la justicia, la fe, la soledad, la felicidad, la inclusión...

El programa se convirtió en una cita fija para los telespectado-
res católicos, a pesar de haber sido creado casi de casualidad y sin
demasiadas expectativas. Fue Figueroa, en 2011, quien le propuso

a Bergoglio dedicar un espacio televisivo al diálogo ecuménico, y el purpurado, después de pensárselo, aceptó hacer cuatro programas de prueba, convencido de que la televisión podría ser un buen medio para evangelizar. Después de los primeros cuatro capítulos, el padre Jorge confirmó el programa, que empezó a centrarse también en el diálogo interreligioso. Figueroa, Skorka y Bergoglio se veían en la sinagoga para el desayuno y discutían sobre los temas a tratar, mientras su amistad crecía día a día.

—Acá están los buenos días del editor —dice en broma Julio, el director general de la tele, que, como ocurre casi todos los días, recibe al cardenal jesuita de setenta y seis años.

Ambos se conocen desde mediados de los noventa, de cuando el arzobispo Quarracino nombró a Julio director de la radio diocesana. Conoció al obispo auxiliar Bergoglio en calidad de coordinador de la emisora, y desde entonces permanecieron en contacto.

Es la mañana del 11 de febrero de 2013. El purpurado llegó a la sede de Canal 21 principalmente para saludar a sus colaboradores, pero también para hacer una pequeña aclaración sobre los episodios que van a grabar y transmitir. Aprovecha igualmente la ocasión para buscar algunos DVD que el director le regaló. De hecho, de vez en cuando, al no tener televisión en casa, el cardenal pide permiso a la dirección de Canal 21 para poder ver ahí alguna película que le interesa.

—Eminencia, estoy convencido de que estas películas le van a gustar... —dice Julio con seguridad, tendiéndole los DVD todavía embalados.

—Sabés que voy a venir a verlos acá, ¿no? El lector que me regalaste es demasiado complicado... —responde en broma el padre Jorge, mientras sale del despacho.

—Acá la puerta siempre está abierta —dice Julio, acompañándolo a la salida.

—¿Seguirá abierta en unos meses, cuando me jubile? Te acordás que presenté mi renuncia, ¿no? —se despide entre risas el jesuita, mientras se dirige hacia el arzobispado con su bolso negro.

Otilia, la secretaria del cardenal, está en el escritorio y ya se fumó cuatro cigarrillos. Imprimió algunos mails que llegaron a la bandeja de entrada del correo electrónico y ahora está poniendo orden a la lista de personas que el purpurado verá a lo largo de la mañana. Para las seis de la tarde, al ser también el Día de la Memoria Litúrgica de la Virgen de Lourdes, hay prevista una celebración al aire libre, delante de la parroquia que lleva su nombre, en el barrio de Flores, donde nació Bergoglio. Mientras tanto, en el despacho del arzobispo el teléfono sigue sonando.

—¿Diga? —responde el purpurado.

—Eminencia, soy Gerry, lo llamo desde Roma, espero no molestar. Abdicó el papa...

Me quedé paralizado unos segundos, casi no podía creer lo que mi interlocutor me estaba diciendo por teléfono. Era una noticia que jamás habría imaginado oír en mi vida: la abdicación de un papa era, en realidad, algo inimaginable hasta entonces, a pesar de que está prevista en el Código de Derecho Canónico. En un primer momento, pensé: «A lo mejor entendí mal, no es posible». Pero después entendí. Sin duda, Benedicto debió meditar y rezar mucho antes de tomar aquella histórica y valiente decisión. Evidentemente, había entendido, al ver que las fuerzas lo estaban abandonando, que en la Iglesia lo único insustituible es el Espíritu

Santo y que el único Señor es Jesucristo. Por eso fue un gran papa, humilde y sincero, que amó la Iglesia hasta el final.

El que me llamó aquella mañana era Gerry O'Connell, un amigo periodista que conozco desde hace muchos años. Dijo solo esas palabras, «abdicó el papa», y después colgó porque estaba hasta arriba de trabajo, prometiéndome que me volvería a llamar. Dos horas más tarde me llamó de nuevo y me explicó bien todo; me dijo que la dimisión tendría efecto el 28 de febrero a la noche, a las ocho, y que con seguridad el cónclave se celebraría inmediatamente después del 10 de marzo. En los días siguientes me volvió a llamar para informarme que Benedicto XVI se despediría del Colegio Cardenalicio la mañana del 28 de febrero y que, por tanto, todos los cardenales serían convocados en Roma para la audiencia. A partir de las ocho de la tarde del día siguiente, el 1 de marzo de 2013, comenzaría el periodo de sede vacante.

He de admitir que yo trataba de ir lo menos posible al Vaticano. Sinceramente, prefería estar con mi gente, entre otras cosas porque no me sentía muy a gusto viendo la pompa de esos palacios. Por eso, antes de saber de aquella audiencia con todos los cardenales ya había comprado el pasaje de avión que me llevaría a Roma pocos días antes del comienzo del cónclave, y el de regreso a Buenos Aires lo había fijado para el 23 de marzo, el sábado anterior al Domingo de Ramos. Estaba convencido de que ningún papa tomaría posesión durante la Semana Santa y que, por tanto, me daría tiempo a volver a casa para las fiestas de Pascua. En resumen, quería quedarme en el Vaticano solo el tiempo necesario. Tenía la cabeza puesta en las celebraciones de Pascua en la Argentina y, sobre todo, ¡en las homilías que tenía que preparar para Semana Santa!

Pero al enterarme por Gerry del encuentro de Benedicto con el Colegio Cardenalicio a finales de febrero, me dirigí a las oficinas de Alitalia, a unos cuatrocientos metros del arzobispado, para cambiar la fecha del vuelo y adelantarlo al 25 de febrero. Eran las dos de la tarde, di un paseo a pie para llegar y, después de sacar número, aguardé mi turno en la sala de espera. Estaba rezando el rosario cuando, media hora después, se acercó una persona que no conocía.

—Eminencia, ¿qué hace acá?

Era el gerente de la oficina.

—Vine a cambiar este pasaje —respondí.

—Venga a mi despacho, se lo hago yo.

Así que me fui con él y cambiamos la fecha de salida. A continuación, me tendió cien diez dólares.

—¿Qué es esto? —le dije.

—El cambio del billete tiene saldo a favor, ¡cuesta menos que el que ya había comprado! Tenga, es suyo.

Volví al arzobispado y empecé a meter mano en la agenda porque tenía un montón de reuniones que posponer para cuando volviera de Roma. Tenía programados encuentros, celebraciones y visitas por toda la ciudad, y también había acordado las grabaciones del programa de televisión. Les avisé a mis amigos que tendría que ausentarme y les informé también a Marcelo y a Abraham que estaría afuera por un tiempo, asegurándoles que a mi vuelta, antes de Pascua, grabaríamos un programa dedicado a la amistad.

Había conocido a Marcelo a principios del año 2000, cuando era secretario general de la Sociedad Bíblica Argentina. En cuanto a Abraham, lo conocí en ocasión de los saludos que se realizaban dos veces al año en la catedral al finalizar el *Te Deum*, el antiguo himno cristiano de agradecimiento que en la Argentina se entona, en presencia del presidente, durante la celebración del 25 de mayo, el Día de la Patria, y el 31 de diciembre, fin de año. Abraham tiene una mente brillante, pero es aficionado de River Plate ¡y eso no juega a su favor! Sobre este tema le tomé el pelo una vez, en mayo de 1999. Estábamos en los tradicionales saludos en la catedral y le dije: «Me parece que este año los de San Lorenzo vamos a comer sopa de gallina...». La broma la entiende solo quien conoce el mundo del fútbol argentino. Los adversarios de River llaman a sus simpatizantes «gallinas» porque muchas veces perdieron el campeonato al final de la temporada, a pesar de tener un gran potencial. Ese año, el San Lorenzo estaba haciendo una gran carrera hacia el título, así que le tomé un poco el pelo, bajo la mirada del nuncio apostólico, ¡que no entendía nada!

Antes de volver a Roma me despedí también de Julio y de los colaboradores de Canal 21, donde tenía la costumbre de ir de vez en cuando a ver las películas en DVD que me regalaban. Recuerdo todavía *La vida es bella*, de Roberto Benigni; *La fiesta de Babette*, de Gabriel Axel y otras obras maestras del cine. Sin embargo, en el escritorio de mi despacho dejé *Habemus Papam*, de Nanni Moreti, que seguramente vería a mi regreso, y dos homilías, la del Domingo de Ramos y la de la misa crismal que debería pronunciar esa semana. ¡Pero las cosas tomaron un rumbo diferente!

El viaje fue largo y agotador, pero al llegar al aeropuerto de Fiumicino, en la cinta transportadora de equipaje, me encontré con algunas caras amigas. Estaban el cardenal Odilo Pedro Scherer, arzobispo de San Pablo, que la prensa consideraba uno de los papables, y el cardenal Luis Antonio Tagle, en aquella época arzobispo de Manila, también en la lista de los papables según la prensa, que había viajado junto a su compatriota, el cardenal Ricardo Vidal. Iban todos en sotana, menos Tagle, que viajaba en remera polo y jeans. A la mañana siguiente lo volví a ver y le dije: «¡Ayer en el aeropuerto vi a un chico que se parecía a usted!» y nos reímos un largo rato.

Así que el 28 de febrero a la mañana me acerqué a la Sala Clementina para despedir al papa Benedicto. Como el gran teólogo que era, dio un discurso muy profundo que me dejó impresionado, entre otras cosas, porque citó en dos ocasiones a Romano Guardini, al cual había estudiado largo y tendido para mi tesis doctoral. Dijo, citando al teólogo: «La Iglesia no es una institución inventada y construida en teoría..., sino una realidad viva... Vive a lo largo del tiempo, en devenir, como todo ser vivo, transformándose... Sin embargo, su naturaleza sigue siendo siempre la misma, y su corazón es Cristo».

Todos le dedicamos un largo aplauso. En aquella ocasión, el papa Benedicto aseguró también que desde ese mismo momento prometía reverencia y obediencia incondicional al nuevo papa que sería elegido en el cónclave y se encontraba entre nosotros. No obstante, me ha entristecido ver que, con los años, su figura de papa emérito ha sido instrumentalizada con fines ideológicos y políticos por personas sin escrúpulos que, al no haber aceptado su renunica, pensaron quizá en su propio beneficio y en sus propios intereses, subestimando la dramática posibilidad de una fractura en el seno de la Iglesia.

Para evitar derivas de este tipo, en 2013, cuando fui a verlo a Castel Gandolfo inmediatamente después de mi nombramiento, ambos decidimos que sería mejor que no viviera escondido, como al principio había hipotetizado, sino que viera a la gente y participase en la vida de la Iglesia.

Por desgracia, sirvió de poco, porque en esos diez años no faltaron polémicas que nos hicieron daño a los dos. En aquella ocasión, durante el traspaso, me entregó también una caja blanca que contenía el informe que habían redactado tres cardenales de más de ochenta años, Julián Herranz, Jozef Tomko y Salvatore De Giorgio, acerca de la filtración de documentos confidenciales que en 2012 había sacudido el Vaticano. Benedicto me explicó los pasos que había dado, apartando a gente que formaba parte del lobby e interviniendo en casos de corrupción, y me advirtió de otras situaciones en las que era necesario tomar medidas, diciéndome claramente que me pasaba a mí la batuta para que me ocupara del asunto. Así lo hice y aún lo hago, siguiendo sus consejos.

Volviendo al encuentro en la Sala Clementina, al finalizar su discurso me acerqué a saludarlo, como los demás hermanos cardenales, y le agradecí todo lo que había hecho. Fue muy amable y también me agradeció haber asistido a la audiencia. A las ocho en punto inició el periodo de *sede vacante*: la Iglesia ya no tenía papa. Esa misma noche, el camarlengo, cardenal Tarcisio Bertone, selló el departamento y empezó a ocuparse de la tramitación de los asuntos corrientes junto al Colegio Cardenalicio. Daba comienzo la fase preparatoria para el cónclave, con las congregaciones generales que, a partir del 4 de marzo, nos mantendrían ocupados todos los días hasta la mañana del 11 de marzo.

La llegada al Vaticano de los purpurados de todo el mundo es capturada por las cámaras de los medios de comunicación internacionales.

En rigurosa sotana filetata, hay quien llega a pie, sobre todo los que encontraron alojamiento cerca y quienes viven dentro de la pequeña ciudad Estado; y hay quienes llegan en auto, especialmente los más mayores o quienes residen a kilómetros de distancia. Antes de entrar al Aula Nueva del Sínodo, donde tienen lugar las reuniones, los purpurados se saludan y charlan un rato frente a la entrada del edificio, ante la mirada curiosa de los fotógrafos. Los estadounidenses llegan todos en grupo, en un micro. También llegan juntos algunos brasileños, al igual que un grupito de italianos.

Algunos se detienen a hablar con los periodistas, otros esquivan las preguntas y los comentarios, atrincherándose detrás de un silencio impuesto por las reglas de las congregaciones. Hay manifestantes que protestan por la presencia de algunos purpurados, acusados en sus diócesis de haber ocultado casos de abusos —los querrían fuera del cónclave—, y también hay cazadores de autógrafos cardenalicios, coleccionistas o simples curiosos que los revenderán en internet a un precio alto.

El cardenal Bergoglio, envuelto en su abrigo negro, llega solo; a pie, con el bolso en la mano y sin el solideo de color púrpura en la cabeza, cruza la plaza de San Pedro. Ni los fieles ni los periodistas lo reconocen y esto le permite llegar puntual, sin obstáculos. Caminó una media hora; también en esta ocasión el jesuita se alojó en la Casa del Clero de via della *Scrofa*, a dos pasos de piazza *Navona*, y para llegar a su destino tuvo que dar su típico y largo paseo.

Ya es 9 de marzo y para la IX congregación de la mañana el arzobispo de Buenos Aires, al cual los periodistas habían incluido dentro de la lista de los papables en 2005, escribió un sucinto discurso que pronunciará delante de todo el Colegio Cardenalicio; una intervención sobre cómo, según él, debería ser la Iglesia, alejada de la autorre-

ferencialidad y la mundanidad. El arzobispo bosquejará también un breve retrato del próximo papa.

«Ha pedido la palabra el cardenal Jorge Mario Bergoglio, arzobispo de Buenos Aires. Adelante, Eminencia...».

El padre Jorge se pone de pie, agarra los apuntes escritos a mano, en español, que preparó, y empieza a leer, consciente de que el tiempo a disposición es limitado, solo tres minutos. A su término, el micrófono se apagará automáticamente.

Buenos días. Se ha hecho referencia a la evangelización. Es la razón de ser de la Iglesia. «La dulce y reconfortante alegría de evangelizar», Pablo VI. Es el mismo Jesucristo quien, desde adentro, nos empuja a eso.

1. Evangelizar implica fervor apostólico. Evangelizar supone en la Iglesia la parresía de salir de sí misma. La Iglesia está llamada a salir de sí misma e ir hacia las periferias, no solo las geográficas, sino también las existenciales: las del misterio del pecado, del dolor, de la injusticia; las de la ignorancia y de la ausencia de fe; las del pensamiento, las de cualquier forma de miseria.

2. Cuando la Iglesia no sale de sí misma para evangelizar, se vuelve autorreferencial y entonces enferma (pensemos en la mujer encorvada del Evangelio). Los males que, con el paso del tiempo, aquejan a las instituciones eclesiásticas tienen una raíz en la autorreferencialidad, una especie de narcisismo teológico. En el Apocalipsis, Jesús dice que Él está en el umbral y llama. Evidentemente, el texto se refiere a que está afuera y llama para entrar... Pero a veces pienso que Jesús llama desde adentro, para

que lo dejemos salir. La Iglesia autorreferencial pretende tener a Jesucristo en su interior y no lo deja salir.

3. La Iglesia, cuando es autorreferencial, sin darse cuenta, cree tener luz propia; deja de ser el *mysterium lunae* y da lugar a ese mal tan grave que es la mundanidad espiritual (según De Lubac, el peor mal que puede encontrar la Iglesia). Vivir para darse gloria los unos a los otros. Simplificando, hay dos imágenes de Iglesia: la Iglesia evangelizadora que sale de sí misma, la del *Dei Verbum religiose audiens et fidenter proclamans* [la Palabra de Dios que [la Iglesia] religiosamente escucha y que fielmente proclama, N. del R.] y la Iglesia mundana que vive en sí, de sí y para sí. Esto debe alumbrar los posibles cambios y reformas que se realicen para la salvación de las almas.

4. Pensando en el próximo papa: un hombre que, a través de la contemplación de Jesucristo y de la adoración de Jesucristo, ayude a la Iglesia a salir de sí misma hacia las periferias existenciales, que le ayude a ser la madre fecunda que vive de la «dulce y reconfortante alegría de evangelizar».

¡Ese discurso fue mi condena! Menos de tres minutos que cambiaron mi vida. Al finalizar mi alocución, hubo un aplauso y más tarde me enteré de que desde ese mismo momento había empezado a circular mi nombre. Tengo que admitir que, hasta el último día, no me di cuenta de nada. Como ya dije antes, mi cabeza estaba pendiente de las homilías que tenía que terminar de preparar y que había dejado sobre mi escritorio en Buenos Aires, y no veía la hora de volver a casa. Me dijeron que los dos últimos días, el 12 y el 13 de marzo a la mañana, se había hablado mucho de mí y que, de hecho, había sumado votos; pero pensaba que serían los llamados «votos depósito», es decir, las preferencias dejadas ahí temporalmente por quien todavía no tenía claro el candidato al que va a votar.

Entonces, el 13 de marzo, día de la elección, después de habernos pasado la mañana en la Capilla Sixtina para las votaciones, tuve tres señales muy claras.

Tengo que empezar diciendo que los días del cónclave, para no tener contacto con el mundo exterior, dormíamos todos en la Domus Santa Marta. Al volver ahí para almorzar, antes de ir a comer, subí al quinto piso, donde se alojaba el cardenal Jaime Ortega y Alamino, arzobispo de La Habana, que me había pedido una copia del discurso que había dado durante las congregaciones generales. Le llevé la transcripción, disculpándome porque estaba escrito a mano e informándole que no tenía fotocopias. «Ah, qué bien, me llevo a casa un recuerdo del nuevo papa...», me dijo él. Esta fue la primera señal, pero todavía no lo entendía.

Tomé el ascensor para volver a mi planta, la segunda, pero se detuvo en la cuarta y entró el cardenal Francisco Errázuriz, arzobispo emérito de Santiago de Chile, al que conocía de los tiempos de Aparecida.

—¿Preparaste el discurso? —me dijo.

—¿Qué discurso? —pregunté con curiosidad.

—El de hoy, el que tendrás que dar cuando te asomes al balcón central de la basílica... —fue su respuesta.

Y esa fue la segunda señal, aunque, en este caso, tampoco lo entendí.

Después de bajar a comer, volví a la sala con el cardenal Leonardo Sandri. Algunos cardenales europeos que estaban ya dentro me dijeron: «Venga, Eminencia, venga aquí y háblenos un poco de América Latina...».

Sin darle demasiada importancia, acepté su invitación, aunque me hicieron un auténtico interrogatorio con un montón de preguntas.

Al terminar de almorzar, cuando iba saliendo, se me acercó el cardenal Santos Abril y Castelló, al que había conocido bien cuando fue nuncio apostólico en la Argentina.

—Eminencia, disculpe la pregunta, pero ¿es verdad que le falta un pulmón?

—No, no es verdad —respondí—, me falta solo el lóbulo superior del pulmón derecho.

—¿Cuándo ocurrió? —insistió él.

—En 1957, cuando tenía veintiún años —le expliqué.

Él se puso serio y, con actitud bastante molesta, afirmó:

—Estas maniobras de última hora...

Y ese fue el preciso instante en que me di cuenta de que los cardenales estaban pensando en mí como sucesor de Benedicto XVI.

Por la tarde volvimos todos al cónclave. Al llegar delante de la Capilla Sixtina me encontré con el cardenal italiano Gianfranco Ravasi y nos paramos a hablar porque, en mis estudios, usaba siempre las ediciones de los libros sapienciales editados por él, especialmente el libro de Job. Nos quedamos afuera debatiendo, yendo y viniendo cerca de la entrada. Después de lo que había pasado en el almuerzo, inconscientemente no quería entrar porque temía que tendría lugar la elección. Tanto es así que a un cierto punto salió un maestro de ceremonias pontificio y nos preguntó: «¿Van a entrar o no?».

En la primera votación casi salgo elegido, y en ese momento se me acercó el cardenal brasileño Cláudio Hummes y me dijo: «¡No tengas miedo! ¡Lo está haciendo el Espíritu Santo!». Y finalmente, en la tercera votación de aquella tarde, con el septuagésimo séptimo voto, cuando mi nombre alcanzó los dos tercios de las preferencias, todos dieron un largo aplauso. Mientras el escrutinio continuaba, Hummes se me volvió a acercar, me besó y me dijo aquella frase que se me quedó para siempre grabada en el corazón y en la mente: «No te olvides de los pobres...».

Y entonces elegí el nombre que tendría como papa: Francisco. En honor a san Francisco de Asís. Se lo comuniqué oficialmente al cardenal Giovanni Battista Re. El decano, que era el cardenal Angelo Sodano, y el vicedecano, el cardenal Roger Etchegaray, estaban fuera del cónclave porque tenían más de ochenta años; así que, al ser el primer cardenal obispo elector por orden de antigüedad, según está previsto en la normativa, Re desempeñaba en la Sixtina las veces del decano. Fue él quien me hizo las dos preguntas previstas por el ritual: «¿Aceptás tu elección canónica como sumo pontífice?» y «¿Cómo quieres ser llamado?».

Una vez más, mi vida se veía revolucionada por los planes de Dios. El Señor estaba a mi lado, lo sentía presente, me precedía y me acompañaba en este nuevo encargo al servicio de la Iglesia y de los fieles, decidido por los cardenales que actuaban guiados por el Espíritu Santo.

Cuando llegó el momento de ponerme por primera vez la vestimenta de pontífice, el entonces maestro de Celebraciones Litúrgicas Pontificias, monseñor Guido Marini, en el interior de la llamada «Sala de las Lágrimas», me explicó con gran paciencia todo lo que había que hacer y me mostró la cruz pectoral, los zapatos rojos, la sotana blanca en tres tallas y otros paramentos papales, entre ellos, la muceta roja. Le dije: «Le agradezco mucho su trabajo, monseñor, pero le tengo mucho cariño a mis cosas. Llevaré solamente la túnica blanca y me quedaré con mi cruz pectoral de arzobispo y mis zapatos, ¡que son ortopédicos!». Él, con gran generosidad, aceptó mi decisión. Luego les dije a los maestros de ceremonias que, después del *Habemus Papam*, me gustaría tener a mi lado, en el balcón central de la basílica, al cardenal Cláudio Hummes y al entonces vicario de la diócesis de Roma, el cardenal Agostino Vallini. Y me dieron el gusto.

No puedo negar que sentí una gran emoción al ver a toda aquella multitud en la plaza de San Pedro esperando a ver al nuevo papa. Había banderas de todo el mundo, oraciones, cantos y, a pesar de la lluvia, todas esas personas se habían quedado ahí a esperar. El Espíritu soplaba sobre la gente, era un momento de gracia para toda la Iglesia, ¡un único coro de oraciones se elevaba al cielo para dar las gracias al Señor!

Me acordé de mis padres, de la abuela Rosa, de mis hermanos; pensé en toda la gente pobre y marginada que había conocido a lo largo de mi vida y encontré la fuerza necesaria al acordarme precisamente de ella y al decidirme a ponerla en el centro de mi servicio. Una Iglesia *pobre para los pobres*, una Iglesia *hospital de campaña*, una Iglesia *misionera, en salida*, con una Curia Romana reformada, como pide el Colegio Cardenalicio.

Una vez terminado el saludo al pueblo, hice mi primera llamada al papa emérito. Quería darle las gracias una vez más por su trabajo, pidiéndole que rezara por mí y prometiéndole que iría a verlo pronto. Cuando llegó la hora de la cena, llamé también al nuncio apostólico en la Argentina, el entonces monseñor Emil Paul Tscherrig, al cual nombré cardenal en el consistorio de septiembre de 2023. Le pedí que indicara a los obispos y al clero local de que no vinieran a mi misa de inicio de pontificado, el 19 de marzo, y que destinaran el dinero del pasaje de avión a los pobres.

A la mañana siguiente me puse por segunda vez, yo solo, la sotana blanca, aunque me costó un poco el alzacuellos. Mi vecino de habitación seguía siendo el cardenal Paolo Romeo, arzobispo de Palermo. Afortunadamente se encontraba en el pasillo, y me dio una mano para ponérmelo. Después de la misa matutina y del desayuno, fui a la basílica de Santa María la Mayor para rezar ante la imagen de la *Salus Populi Romani*, encomendándole mi pontificado. Y ya que estaba fuera del Vaticano, aproveché para ir a la residencia de via della Scrofa a recoger mis últimas cosas ¡y pagar la cuenta que había quedado pendiente!

A la tarde, después de la misa celebrada en la Sixtina, me llevaron a ver el departamento pontificio en la tercera planta del Palacio Apostólico, pero me pareció demasiado exagerado para mí. ¡Si me hubiera quedado a vivir en ese lugar, seguramente habría necesitado un psiquiatra! Para sentirme bien necesito estar entre la gente, ahí me habría sentido sentido un poco aislado del mundo exterior. Así que la solución ideal fue Santa Marta. En la planta en la que residí durante el cónclave había una habitación un poco más grande, que generalmente está reservada al papa que se acaba de elegir. Me la mostraron y, cuando estuvo lista, decidí trasladarme ahí. Hay una salita para los invitados, un dormitorio con baño y un pequeño estudio, con otro baño para los invitados.

He intentado mantener todas mis costumbres de cuando estaba en Buenos Aires, tratando de no revolucionar demasiado mi vida. Por supuesto, una de las cosas que, sobre todo en los primeros años, extrañé más fue poder salir a la calle, poder ir a la periferia a ayudar a los pobres, poder usar los medios de transporte público para desplazarme, poder ir a comer una pizza con mis amigos, como hacía en la Argentina. Pero, para compensar, encontré a mucha gente buena que antes no conocía y por ello le doy gracias todos los días al Señor. Sin embargo, con mis familiares, mi hermana, mis primos y mis amigos de siempre hablo seguido: llamadas telefónicas, cartas, correos electrónicos. No hacemos videollamadas porque no soy capaz, pero seguimos en contacto por los medios tradicionales. Por desgracia, muchos de mis amigos de toda la vida ya no están, pero los recuerdo siempre y rezo por ellos.

En cuanto a mi servicio, no me faltan proyectos y todavía me quedan muchas cosas por hacer. En estos años he recibido por parte del Señor el regalo de vivir momentos de enorme alegría. Desde las cosas más sencillas, como un encuentro o un apretón de manos, hasta las más importantes, como todos esos viajes que hice alrededor del mundo y toda la gente a la que tuve el privilegio de abrazar, desde las Américas hasta África y Asia.

Pienso en mi primer viaje a Lampedusa, en la provincia de Agrigento, la puerta de entrada a Europa para aquellos que buscan desesperadamente un futuro lejos de las guerras y de la escasez. Después de una tragedia en el Mediterráneo ocurrida poco antes, era necesario aceptar, en julio de 2013, la invitación de ese párroco de la periferia, el padre Stefano Nastasi, y empezar desde ahí un recorrido por la ruta de los emigrantes, que aún no ha concluido, porque queda mucho por hacer en cuanto al tema de la migración.

En lo que respecta a mi país, la Argentina, el nuevo presidente, Javier Milei, me ha invitado a un viaje «en son de paz». La situación allí no es fácil, mucha gente sufre la pobreza y querría llevar mi cercanía. Espero poder ir, me gustaría, aunque para mí ya no sea tan fácil viajar como hacía antes; sobre todo, recorrer largas distancias. Ya veremos qué decide el Señor para mí.

Pienso también en los diálogos y en los avances logrados con nuestros hermanos judíos, con nuestros hermanos ortodoxos, con un camino ecuménico y un diálogo fraterno muy fructífero, y en el edificante diálogo con nuestros hermanos musulmanes.

Pienso en los avances que ha hecho la Iglesia en estos años, una Iglesia en marcha, que escucha, como solo una madre sabe hacer; una Iglesia sinodal, unida, que se pone al servicio del pueblo de Dios, a pesar de que en su interior haya quien la querría dividida, como si hubiera dos facciones diferentes.

También pienso en las mujeres, que cada vez encuentran más espacio y atención en el marco de la Iglesia; pienso en los laicos y en los jóvenes, que son un gran tesoro y una gran esperanza para el futuro.

Pero en estos años hemos vivido y seguimos viviendo pruebas muy dolorosas. Pienso en la tercera guerra mundial «por partes» que desde hace tiempo sacude el mundo: conflictos en varias partes del planeta que están destruyendo la humanidad y la fraternidad entre los pueblos, con cada vez más hermanos y hermanas que sufren bajo las bombas. A quien no siente piedad ni remordimiento por esta pobre gente que muere, le lanzo la enésima llamada: ¡detengan las armas! ¡Detengan las bombas! ¡Detengan la sed de poder! ¡Deténganse, en nombre de Dios! ¡Basta ya, se los ruego!

También pienso en la explotación, cada vez más insistente, de nuestro hogar compartido: la Tierra. La cuestión ambiental no se puede seguir aplazando y se ha vuelto tan dramática y urgente que había decidido participar personalmente en la Conferencia de Naciones Unidas sobre el Cambio Climático, COP28, que tuvo lugar en Dubái, en Emiratos Árabes Unidos, entre finales de noviembre y principios de diciembre de 2023. Por desgracia, una infección pulmonar me obligó a quedarme en casa; los médicos me desaconsejaron hacer ese viaje para no sufrir los cambios bruscos de temperatura típicos de ese país y agravar la situación. Que quede claro que, con mi buena dosis de inconsciencia, yo habría ido, a pesar del malestar, para exhortar a los líderes mundiales a cambiar de rumbo. Hay que cambiar de rumbo, de lo contario, será el fin y los sacrificios de tantos años habrán sido en vano. Al final, seguí el consejo de los médicos y confié mi discurso al cardenal Pietro Parolin, el secretario de Estado, que lo pronunció el 2 de diciembre. Lo que estamos haciendo con la creación, como escribí en aquella ocasión, es una grave ofensa a Dios. Y quiero añadir que es una gravísima traición hacia los más débiles, que pagarán las consecuencias más que el resto. Pensemos, por ejemplo, en los emigrantes climáticos que huyen de sus tierras devastadas por la sequía, y en las poblaciones más pobres, que sufren devastadoras inundaciones, marejadas y demás fenómenos meteorológicos. No podemos seguir sin escuchar el grito del planeta. Ya no queda tiempo, estamos jugando con el futuro de los jóvenes, con el futuro de la humanidad misma.

Finalmente, pienso también en esos trágicos años en los que vivimos la pandemia, un momento que nos hizo comprender cuán frágil es el mundo y de qué manera la humanidad necesita parar y mirarse en el espejo para replantearse a sí misma.

XIII

LA PANDEMIA DEL COVID-19

El centro de Roma está sumido en la soledad. Reina un silencio espectral: nada de alboroto junto al Coliseo, ninguna guitarra rasgada delante del Panteón, las callejuelas de Trastévere están desiertas, las persianas metálicas de los restaurantes están bajas a pesar de ser domingo. Los músicos callejeros con sus acordeones se desvanecieron, así como los vendedores ambulantes en los alrededores del Vaticano. La plaza San Pedro, normalmente abarrotada de miles y miles de fieles que esperan el ángelus del papa, a mediodía está completamente vacía. Francisco ni se ha asomado a la ventana. El pontífice recitó la oración mariana a puerta cerrada, filmado por las cámaras colocadas en el interior de la biblioteca privada del Palacio Apostólico, para que puedan seguirlo por televisión, radio o internet.

Los últimos turistas, que generalmente hacían cola para entrar en la basílica o para visitar los museos vaticanos, lograron escapar antes de que el contagio pueda afectarlos y ahora ya solo se siente la presencia de las gaviotas, mientras revuelven en algún contenedor de basura lleno hasta rebosar. Los únicos ciudadanos que se ven por Roma están en los hospitales, en las farmacias, en las colas delante de los supermercados, donde se entra por turnos y se compra lo indispensable para vivir, esperando que los estantes sigan llenos: harina, leche, pasta, levadura, agua, aceite.

Esa tarde del 15 de marzo de 2020, las radios de los hinchas no están sintonizadas en los partidos de fútbol. Los estadios están cerrados, el campeonato se suspendió. Las transmisiones solo pasan música y noticieros que hacen el recuento de los muertos: más de mil cuatrocientos en Italia, según el boletín del día anterior difundido a las dieciocho por Protección Civil, con más de veinte mil contagiados en total desde inicio de la pandemia.

Las salas de terapia intensiva, sobre todo en el Norte, están al borde del colapso; las residencias geriátricas parecen polvorines a punto de explotar. Italia está viviendo la pesadilla de la pandemia de Covid-19, cuya causa es el coronavirus llegado de China y que se está expandiendo como la pólvora por todo el mundo, desde los Estados Unidos a Nueva Zelanda.

Unos días antes —el 9 de marzo— el Gobierno italiano decretó el confinamiento a través de un anuncio del presidente del gobierno. Nadie podrá abandonar su vivienda si no es por serias razones, la mayoría de los comercios deberán permanecer cerrados para evitar concentraciones, lo mismo que los colegios, las iglesias, los gimnasios, los museos, los cines y los teatros. La consigna es: «Quédate en casa». Esta es la fórmula que los autos de policía difunden a través de megáfonos con una grabación, recorriendo las calles de las metrópolis.

Hace semanas que el papa sigue con atención la evolución de la pandemia en todo el mundo, leyendo los informes redactados por la Organización Mundial de la Salud que le entregan casi todos los días. Reza por las víctimas y por sus familiares, por quienes vieron afectadas sus vidas, por los que perdieron el trabajo, por los ancianos que *se quedaron solos. Pero también cree que tiene que hacer algo para detener a ese enemigo minúsculo e invisible.*

Así, esa fría tarde de domingo, inmerso en el silencio de una Roma que parece dormida, el hombre vestido de blanco, después de un rápido trayecto en coche, decide ir a pie por las calles de la capital desierta. A su alrededor, a distancia y con discreción, solo los hombres de la gendarmería vaticana. El papa Francisco salió por sorpresa del Vaticano, pasadas las cuatro, para realizar una peregrinación en dos etapas: a la basílica de Santa María la Mayor y a la iglesia de San Marcello al Corso. En la primera se conserva el icono de la Salus Populi Romani, al cual Francisco ha encomendado su pontificado. En la segunda, el crucifijo milagroso, la obra de madera que se remonta al siglo XIV y que permaneció intacta después de un incendio nocturno que destruyó la iglesia en mayo de 1519. Tres años después, en verano de 1522, cuando Roma fue azotada por la peste, el gran crucifijo fue llevado en procesión a hombros por todos los barrios de la capital hasta la plaza de San Pedro. Los devotos repitieron el ritual dieciséis días consecutivos, casi hasta finales de agosto de ese año, hasta que la epidemia cesó.

Estuve dándole vueltas mucho tiempo, preguntándome qué podía hacer, y frente a la situación dramática que Italia y el mundo estaban atravesando me decidí: fui a buscar a Jesús crucificado y a la Virgen Protectora del pueblo romano. Voy a verla siempre antes y después de cada viaje, y en alguna otra ocasión particular.

Avisé por adelantado a la gendarmería que esa tarde saldría para un asunto importante y así, después de llegar en coche más o menos a la altura de la plaza Venecia, caminé unos metros a pie por via del Corso, en dirección a la iglesia de San Marcello, donde está en custodia el crucifijo milagroso del que tanto me habían hablado. Era increíble, me encontraba en el corazón de Roma a las cuatro y media de un domingo por la tarde y estaba completamente inmerso en el silencio. Alrededor no había nadie: ningún taxi, ningún micro de turistas, ni siquiera un peatón. Era un escenario tan irreal como dramático, y yo pensaba en la gente obligada a quedarse encerrada en casa para evitar el contagio. En el pasado, siendo cardenal, había caminado tanto por esas calles romanas; incluso siendo papa, de vez en cuando he estado en el centro para ir a la óptica o a cualquier otro negocio. En todos los casos, el tráfico, así como los turistas o los romanos, siempre se han hecho notar a cualquier hora del día. Quizá también por eso, ese domingo a la tarde me quedé particularmente impresionado por el silencio o por la desolación que envolvían toda la ciudad.

A lo largo de aquel trayecto a pie le recé mucho al Señor, pensando en las víctimas del virus, pero también en todos los trabajadores de la salud, en los voluntarios y las voluntarias; recé por los curas y por las monjas que morían tras contagiarse haciendo guardia en los hospitale; recé por los gobernantes, para que pudieran encontrar pronto una solución. Al entrar a la iglesia, con unas flores para depositarlas a los pies del crucifijo protegido en un urna, me recibió un grupo de diez hermanos y me quedé unos minutos en silencio ante el Cristo en la cruz. Le hablé con el corazón, con esa naturalidad que hay entre hermanos y amigos. Rogué por el final de la pandemia y le pedí que se acordara de todas y todos nosotros, y que no nos abandonara durante aquella prueba tan dura para la humanidad.

Esa misma mañana, antes del ángelus —que, por desgracia, había recitado a puerta cerrada—, quise darles las gracias a todos los sacerdotes por su fervor apostólico y creatividad porque, sobre todo en el norte de Italia, en Lombardía, aquellos días los curas encontraban mil formas para estar cerca del pueblo, para que no se sintiera abandonado.

A este respecto, en esos días me había llamado por teléfono un gran obispo, un italiano que estaba viviendo un momento muy difícil por el número de ingresos y de casos de Covid-19 presentes en su diócesis. Me contó con tristeza que, durante la semana, incluidos los domingos, iba por todos los hospitales para bendecir y dar la absolución a los enfermos, pero que lo hacía desde la sala de espera porque, debido al riesgo de contagio, no le permitían acceder a las áreas de cuidados intensivos. Por eso había sido criticado por algunos eruditos canonistas que le habían dicho que la absolución solo se permitía en contacto físico directo. Me preguntó: «¿Qué puedo hacer?». Yo le respondí, simplemente, que desempeñara su deber de cura y que actuara como lo habría querido el Señor. Me dio las gracias y, más adelante, me dijeron que había seguido dando las absoluciones.

Estos son ejemplos de gran misericordia, de amor hacia el pueblo, de curas que no se acobardan como don Abbondio en *Los novios*, sino que anteponen a la gente, incluso arriesgando su propia vida. Hablando de la obra maestra de Manzoni, me estoy acordando también del personaje del cardenal Federigo Borromeo, que consideré un héroe de la peste de Milán. En su *De pestilentia*, que Manzoni utilizó como fuente histórica para la redacción de su novela, el purpurado escribe que se movía por la ciudad golpeada por la epidemia adentro de un palanquín protegido por cristales y que saludaba detrás del ventanuco, sin acercarse a nadie. Según parece, esto de estar detrás de un cristal no le gustó mucho al pueblo, que buscaba la proximidad y el consuelo de su pastor. En cambio, durante el Covid-19 muchos curas estuvieron cerca de sus parroquianos, pero me vienen a la mente también los enfermeros y los médicos que todos los días desatendieron a sus propias familias para estar junto a los enfermos.

También a mí me habría gustado poner de mi parte con algún gesto aún más concreto. ¡Cuánto me habría gustado visitar los hospitales para dar consuelo a esos enfermos que estaban solos! ¡Cuánto me habría gustado visitar las residencias y escuchar las historias de los ancianos que vivieron meses de aislamiento! Cuánto me habría gustado rezar el rosario junto a toda aquella gente atrapada en casa durante meses, sin poder salir. Sin embargo, las restricciones sanitarias me obligaron a quedarme en casa, enjaulado, cambiando forzosamente mis costumbres, y no puedo negar que sufrí mucho por eso. Afortunadamente, seguí en contacto con todo el mundo a través de los medios de comunicación social. Hicimos muchas reuniones a través de la computadora, celebré la misa en la capilla de Santa Marta y pedí que se retransmitiera por televisión y por internet, para que todo el mundo pudiera unirse en oración.

El periodo de soledad generado por el confinamiento me ayudó también a no caer en la tentación del egoísmo, porque pude rezar más y pensar más en la gente. Además, también reflexioné mucho sobre cómo afrontar mi papel de obispo de Roma cuando hubiera pasado la crisis.

Durante aquellos meses salí adelante con una certeza: de esa prueba saldríamos todos mejores o peores. Para salir mejores, el único camino sería hacer una revisión de todo, analizando las situaciones más dramáticas y tomando conciencia de ellas con realismo. En realidad, solo con realismo se puede afrontar la crisis. Pensemos, por ejemplo, en el hecho de que durante el Covid todo se detuvo y, a nivel ambiental, fue como si el planeta hubiera vuelto a respirar. Qué contrasentido, ¿verdad? En cambio, hay un refrán español que dice: «Dios perdona siempre, nosotros alguna vez y la naturaleza nunca». Y es exactamente lo que pasó. Centrados en otros temas, no les prestamos atención a las catástrofes que suceden y que explotan de repente sin que nos demos cuenta. No nos olvidemos de que todo está interconectado y que nuestra salud depende de la de los ecosistemas creados por Dios. El coronavirus, así como el deshielo de los glaciares o los grandes incendios que devastan hectáreas y hectáreas de vegetación, pueden ser una reacción de la naturaleza a la desidia y a la explotación llevada a cabo por nosotros, los humanos.

Podemos decir con certeza que, hasta ahora, ha prevalecido un estilo de vida que destruye sin piedad el medio ambiente. Nos faltó contemplación, y cedimos a un antropocentrismo soberbio que llevó al hombre a sentirse el dominador absoluto de todas las criaturas. Por el contrario, nuestro deber, junto al de las generaciones que vendrán después de nosotros, es el de custodiar nuestro hogar común, reconstruir lo que hemos destruido y corregir lo que, antes del Covid-19, no funcionaba y contribuyó a agravar la crisis.

Me gusta ver lo mucho que los jóvenes, sobre todo los chicos y las chicas de los colegios, están comprometidos con la lucha por la protección del medio ambiente, protestando contra las decisiones de los gobiernos que no actúan lo suficiente contra el cambio climático. El tiempo está a punto de acabarse, no nos queda demasiado para salvar el planeta, y cuando pienso en esos pibes que salen a la calle siempre digo: Hagan lío, pero a condición de que las manifestaciones de protesta no desemboquen en actos violentos ni terminen pintarrajeando las calles o las obras de arte. En esta crisis estamos todos involucrados, ricos y pobres, y por desgracia debo afirmar que, durante el periodo de la pandemia, en algunos casos prevaleció la hipocresía de ciertos personajes públicos que por un lado decían querer hacer frente a la crisis, querer combatir el hambre en el mundo, y por otro gastaban dinero a mansalva en el suministro de armas. Hay que ser coherente, hace falta un renacimiento que pueda traer un soplo de confianza a los ciudadanos.

Y quiero añadir que también hay que rezar más. Se reza demasiado poco en esta sociedad líquida, arrastrada por la inmediatez de los acontecimientos que ya no permiten pararse un segundo a pensar. Se reza poco en familia, las oraciones de la noche en lengua materna o en dialecto, las que nos enseñaban nuestras abuelas, caen siempre en el olvido, y hay mucha gente que se ha alejado de la fe pensando que la pandemia era un castigo divino. ¡Y no es así! ¡El Señor ama al ser humano, el Señor es el Señor de la vida y no de la muerte! También por ese motivo, en el momento más difícil del confinamiento, quise encabezar un momento extraordinario de oración en la plaza de San Pedro, que involucrara a todo el mundo.

—Santidad, cuando quiera, nosotros estamos listos.

El papa Francisco asiente con la cabeza:

—Sí, ya voy...

El que entra en la habitación después de haber llamado rápidamente a la puerta es uno de sus ayudantes de cámara, para avisarle que ya es casi la hora. En su estudio de la residencia Santa Marta, el pontífice de ochenta y tres años, con una lucecita encendida en el escritorio, está inmerso en la lectura del Evangelio y haciendo algún cambio en el texto de la meditación que pronunciará en breve. Trabajó mucho, se dedicó a buscar las palabras adecuadas para transmitir su estado de ánimo y al mismo tiempo infundir confianza en quien las escuche. A la entrada del edificio lo esperan con un paraguas abierto; ya arrancó el motor del coche que, pasando por el arco de las campanas, lo llevará a la base del abanico del atrio de la plaza San Pedro. Las enormes estatuas de los apóstoles Pedro y Pablo, acostumbradas a velar por los peregrinos que llegan de todo el planeta, se encuentran envueltas en un silencio irreal.

La plaza está desolada, vacía de su típico fervor, y alrededor se respira un ambiente de miedo mezclado con desesperanza. La lluvia torrencial vuelve el momento aún más dramático, un insistente temporal que, a pesar de ser primavera, cubre la ciudad y con sus rayos ilumina el cielo oscuro de finales de marzo. De fondo se escuchan solo las sirenas de las ambulancias que todos los días van ida y vuelta entre los hospitales y las casas de las víctimas de la letal infección pulmonar. El número de muertos aumenta todos los días, en Italia hay casi noventa mil contagiados, la gente se aferra a lo que puede, a cualquier solución que se les ofrezca, por mínima que sea. En todo el mundo se lloran las víctimas, parece no haber salida, una solución que pueda acabar con este enemigo invisible que se ha expandido de punta a punta del globo, obligando a las naciones a cerrar las puertas a las relaciones sociales. Pero sigue habiendo una luz de esperanza: la de la fe de quien reza a Dios para que ponga fin a este suplicio.

El auto que lleva al papa llegó a la plaza y Francisco bajó para dirigirse al atrio. Son los pasos lentos y solitarios del pastor que carga a sus espaldas con las esperanzas y las penas del mundo, los pasos de Jorge Mario Bergoglio, el hombre que levanta la vista; en el atrio, dos inmensos símbolos de esperanza: el crucifijo milagroso de San Marcello al Corso y el icono de la Salus Populi Romani. Quiso tenerlos ahí, a su lado, para la Statio Orbis del 27 de marzo de 2020, para ese momento único de unión espiritual, de comunión colectiva, a pesar de la distancia física.

Francisco se concentra para la oración. A su lado el maestro de Ceremonias Litúrgicas Pontificias lo asiste y lee un pasaje del Evangelio. Luego el papa comienza la lectura de su meditación con voz calma y tranquilizadora: sus palabras resuenan en la plaza desierta, pero llegan al corazón de miles de millones de personas. Su discurso se propaga en el silencio mientras quienes están en casa se unen espiritualmente a él, seguros de no estar ya solos en el arduo camino, seguros de que la presencia del pastor, ahí, en la plaza bajo la lluvia, los acompañará a lo largo de la tormenta. Francisco mira a lo lejos, hacia la ciudad silenciosa. Tiene los ojos vidriosos. Luego dirige la mirada a la derecha, donde se yergue el monumento a los inmigrantes de varias épocas históricas, hombres y mujeres hacinados en un barquichuelo. Francisco, leyendo el discurso, dice:

Desde hace algunas semanas parece que todo se ha oscurecido. Densas tinieblas han cubierto nuestras plazas, calles y ciudades; se fueron adueñando de nuestras vidas llenando todo de un silencio que ensordece y un vacío desolador que paraliza todo a su paso: se palpa en el aire, se siente en los gestos, lo dicen las miradas. Nos encontramos asustados y perdidos. Al igual que a los discípulos del Evangelio, nos sorprendió una tormenta inesperada y furiosa. Nos dimos cuenta de que estábamos en la misma barca, todos frágiles y desorientados; pero, al mismo tiempo, importantes y necesarios, todos llamados a remar juntos, todos necesitados de confortarnos mutuamente. En esta barca estamos todos. Como esos discípulos, que hablan con una única voz y con angustia dicen: «Perecemos», también nosotros descubrimos que no podemos seguir cada uno por nuestra cuenta, sino solo juntos.

En ese momento, la fe y la esperanza eran más fuertes que cualquier virus. El mundo estaba sumido en la oscuridad, así que pensé que hacía falta un momento de oración que nos uniera a todos para alimentar la llama de la esperanza que iluminaría el camino del mundo. La idea de esta oración extraordinaria en la plaza nació de un cura, don Marco Pozza, el capellán de una cárcel del norte de Italia, que me propuso una *Statio Orbis*, es decir, un gesto fuerte que pudiera unir a la gente de todo el planeta en un único coro hacia el cielo. Fue algo extraordinario, porque nunca me había encontrado en semejante situación en la plaza de San Pedro, generalmente abarrotada de fieles.

Muchos se preguntaron en qué iba pensando mientras me dirigía hacia el atrio: nada extraordinario, pensaba en la soledad de la gente. Estaba solo y, como yo, mucha gente en el mundo vivía la misma situación, pero en condiciones seguramente más difíciles. Mientras caminaba notaba un pensamiento que llamaría inclusivo, porque mi corazón y mi mente estaban con cada ser humano. Me sentía totalmente con ustedes.

Es cierto que en la plaza estaba solo, pero físicamente, porque en el espíritu estaba en contacto con todos y todas, y sentía esta cercanía en la fuerza de la oración: la oración que hace milagros. ¡Por eso pedí que estuvieran también el crucifijo milagroso y la *Salus Populi Romani*! Me detuve a rezar delante del Cristo en la cruz y le pedí que interviniera en la pandemia. Usé una expresión lingüística que se usa mucho en la Argentina, «Meté mano, por favor». Y añadí: «Ya en 1500 resolviste una situación como esta, ya sabes lo que hacer...». Yo también me aferré a la oración, en busca de un milagro, e hice lo mismo frente al icono de la Virgen, confiándole el mundo y pidiéndole que fuera la madre, no solo del pueblo romano, sino de todo el planeta. Luego observé desde lo alto del atrio la plaza completamente vacía. Reinaba el silencio, solo se oían las sirenas y la lluvia que caía con fuerza. Pensé que, a pesar de la ausencia de gente, estábamos juntos incluso en la distancia. Luego miré a lo lejos el monumento con la barca de los emigrantes y pensé en el barco en el que estábamos, asustados y sin saber cuántos llegarían hasta el final del viaje.

Era un momento fuerte, la tristeza podría haber tomado fácilmente el control; pero encontré una luz de esperanza cuando al final, antes de la adoración eucarística, le besé los pies al crucifijo. En verdad Cristo es la redención para la humanidad.

El momento más significativo fue cuando sostuve en mis manos el Santísimo Sacramento para la bendición *Urbi et Orbi*. Confié mi diócesis de Roma y el mundo entero al Señor, rogándole que pusiera fin a esa tragedia. En la oración recordé sobre todo a los familiares de las víctimas y los trabajadores de primera línea;

pero también a las familias que sentían el peso de la crisis desatada por las restricciones; la gente con discapacidad severa; a los que vivían en la periferia y parecían haber sido olvidados por el resto del mundo; a los que vivían en la calle, expuestos al virus sin posibilidad de protegerse; a los chicos y a las chicas que no podían salir de casa; a la gente sin pareja, a veces lejos de casa, que no podía ver a nadie; a los migrantes y a las personas sin papeles en general, a la gente privada de la libertad en las cárceles... Pero también a todas aquellas personas que no pudieron despedirse de sus seres queridos con la celebración del funeral.

Este escenario tan insoportable empezó a cambiar cuando llegaron las primeras vacunas. Decidir vacunarse es siempre una decisión ética, aunque sé que mucha gente, unida en movimientos, se opuso a la suministración de este fármaco y lo lamenté mucho, porque en mi opinión oponerse al antídoto fue un acto de negacionismo casi suicida.

También entre algunos obispos hubo negacionistas de la vacuna. Alguno de ellos estuvo a punto de morir por rechazar el tratamiento. Creo que cundió un pánico general porque alguien había explicado con superficialidad el funcionamiento de los antídotos, hablando solo de virus inyectados en el cuerpo; también había quien decía que en las ampolletas había solo agua; y también quien habló públicamente de microchips implantados, y todo esto contribuyó a crear confusión y pánico. Cuando llegó la primera dosis al Vaticano, me anoté inmediatamente y luego me puse también las siguientes dosis y, gracias a Dios, no me contagié.

Pero en ese periodo sufrí porque ya no podía darle la mano a los fieles, acariciar la cara de los chicos y de los ancianos, abrazar a quien me pidiera un gesto de cercanía. Y también sufrí porque tuve que anular o posponer un montón de proyectos o viajes que estaban programados. Había mucha gente —sobre todo pobres— que llamaba insistentemente para pedirme la vacuna, así que, de acuerdo con mi capellán, el cardenal Konrad Krajewski, organizamos la vacunación para los sin techo que no contaban con los papeles de residencia para poder presentarse en los centros de vacunación. ¡Hubo una gran oleada de voluntariado, no solo en Roma, sino en el mundo entero! Pero he de admitir que, mientras que al principio nos sentíamos todos en el mismo barco, todos hermanos, al poco tiempo prevaleció la tentación del sálvese quien pueda, y esto hizo que se apartara la atención de los casos más graves para concentrarse en uno mismo, en el propio yo, dejando en segundo lugar el nosotros, el espíritu de comunidad. Pensemos, por ejemplo, en la atención hacia los pobres que buscaban ayuda para poder vacunarse o para tratarse el contagio: era como si se hubieran silenciado. Es cierto, sus historias y sus caras conmovían, pero en esos momentos de restricciones —que para algunos se convirtieron en fobia al contacto físico— la presencia de una persona pobre, sin techo o necesitada molestaba o generaba más marginación. Afortunadamente, hubo muchos buenos samaritanos, buenos cristianos que se ocuparon también de los más débiles durante el confinamiento y durante todo el tiempo que duró la pandemia. Dios intervino para que, a pesar de la crisis, estas personas dejaran la puerta abierta, sin ceder a la rabia y al miedo.

Y así, poco a poco, nos levantamos, el mundo volvió a recuperar la confianza y también nosotros, en el Vaticano, pudimos retomar todas las actividades, desde las audiencias a las celebraciones presenciales, con la basílica nuevamente abarrotada de gente. Volví a viajar y a reunirme con amigos y fieles, aunque, a pesar de no tener la culpa el coronavirus, en los meses y en los años sucesivos sufrí también la experiencia de la enfermedad, con internaciones en el hospital.

También fue una experiencia fuerte, porque la enfermedad en los cristianos puede favorecer en nosotros el crecimiento y el discernimiento de lo que realmente es importante en la vida. Y además permite experimentar plenamente la solidaridad humana y cristiana siguiendo el estilo de Dios: cercanía, compasión y ternura. En las internaciones me encontré con un montón de enfermos que luchaban por la vida, sobre todo chicos, y eso me llegaba al corazón. Muchas veces me pregunté, citando a Dostoievski: ¿por qué sufren los chicos? Es una pregunta que no puede tener una respuesta humana. Las mejores respuestas que podemos dar son solo las oraciones y el servicio que les demos.

Hablando de los niños, en el Vaticano aún sufrimos mucho por la desaparición, hace más de cuarenta años, de nuestra ciudadana Emanuela Orlandi, que en aquel entonces tenía quince años. Sigo rezando por ella y por su familia, especialmente por la madre. Hay una investigación abierta en el Vaticano para arrojar luz sobre esta historia y que emerja la verdad. Y hablando de Emanuela, quiero que todas las familias que lloran la desaparición de un ser querido sientan mi cercanía. Estoy junto a ellas.

Volviendo a mis estancias en el hospital, estas me hicieron reflexionar mucho. Pero, al mismo tiempo, había personas más interesadas en la política, en hacer campaña electoral, pensando casi en un nuevo cónclave. ¡Tranquilos, es humano, no hay que escandalizarse! Cuando el papa está en el hospital pasan muchas cosas por la cabeza y hay también quien especula en su beneficio y para ganar dinero en los diarios. Por suerte, a pesar de los momentos difíciles, nunca pensé en dimitir, aunque me propongo hablar de eso en breve. Gracias a la ayuda del Señor y a la oración de muchos fieles pude sobreponerme, aunque no tardé en encontrarme con otras emergencias humanitarias, otra crisis mundial: la guerra que ha sacudido Europa, el gran conflicto que ha ensangrentado Ucrania.

Y luego, desde octubre de 2023, un nuevo conflicto que ha sacudido a Medio Oriente. Pedí y sigo pidiendo, día tras día, que se acaben las guerras en el mundo, que prevalezca el diálogo, que se preste atención y se les brinden cuidados a todos esos niños y ancianos que sufren, que se piense en las familias angustiadas por el secuestro de sus seres queridos. Yo también perdí algunos amigos en los bombardeos de Gaza, ¡fue un dolor inmenso! Personas que conocía desde hacía años y que, de repente, encontraron la muerte a manos del hombre. También he sentido una gran tristeza al escuchar a diario el conteo de las víctimas y las noticias de los ataques a los hospitales. Para hacer sentir mi presencia, me he mantenido en contacto con el párroco de Gaza, que es de origen argentino, y algunas monjas que desde hace años trabajan con la población. También, en dos ocasiones distintas, me reuní en el Vaticano con familiares de algunos rehenes israelíes y con familiares de palestinos retenidos en Gaza en medio de los bombardeos. ¡Puedo asegurarles que no había diferencias entre ellos! Sus miradas eran las mismas: personas sencillas, necesitadas de amor. No había deseo de venganza en esos ojos, solo el anhelo de recuperar el silencio de la paz y una convivencia tranquila, sin amenazas ni armas. Solo así podrá haber un futuro para esta humanidad herida.

XIV

UNA HISTORIA
POR ESCRIBIR

Un miembro de la Guardia Suiza lleva horas de pie en el pasillo, inmóvil, delante del pequeño departamento, no lejos del ascensor del segundo piso de la residencia Santa Marta. De fondo se oye el zumbido de un ventilador, hay quien habla bajito para no molestar y quien va y viene de la habitación del papa, tratando de caminar lo más silenciosamente posible. El joven, de unos veinte años y más de metro noventa, mira quién entra y quién sale, hace el saludo militar, sonríe al escuchar alguna broma. El uniforme, de estilo renacentista, parece sacado de un cuadro de Rafael Sanzio, aunque, según cuenta la leyenda, el que lo diseñó fue Miguel Ángel Buonarroti. Pero no es más que una historia fantasiosa. En realidad, el que lo ideó, a principios del siglo XX e inspirado en los frescos de Rafael, fue el comandante Jules Repond, cuando en el mundo nadie se imaginaba que ese siglo se vería sacudido por dos guerras mundiales y por tantos otros acontecimientos que quedaron grabados en la memoria colectiva.

—¿Seguís vivo?

El papa Francisco salió al pasillo para dirigirse a la habitación donde guarda los libros y las publicaciones en diferentes idiomas

223

que les regala a los invitados que recibe en sus audiencias. Tiene que buscar un volumen que contiene sus discursos sobre Europa, pues su intención es dárselo a la persona que está a punto de llegar. Será la sexta vez, desde la mañana, que el papa argentino, a sus ochenta y seis años, se cruza con el guardia delante de su habitación, y son las tres y cuarto de una fría tarde de otoño de 2023. Una broma cariñosa que deja al joven descolocado, a pesar de provocarle una sonrisa.

—Eh... sí, Santidad, ¡por supuesto que sigo vivo! —responde el suizo haciendo el saludo militar e infringiendo ese histórico silencio que, desde hace siglos, distingue al cuerpo pontificio.

—¿Comiste algo desde esta mañana? —pregunta el papa.

Y el alabardero vuelve a sonreír, dando las gracias con un gesto afirmativo.

Antes de entrar en la habitación de los libros, el papa mete una notita debajo de la estatua del san José durmiente, revisa el buzón de entrada y deja algunas hojas en el de salida. También agarra un puñado de bombones rellenos que le trajeron unos obispos brasileños; golosinas típicas del Amazonas, le dijeron. Se los va a hacer probar a su invitado, que ya llegó al recibidor de la residencia. La planta baja es un vaivén silencioso de curas y laicos. Algunos guardias suizos vestidos de paisano, de negro, junto a los hombres de la Gendarmería Vaticana, vigilan que todo esté en orden. Un suizo, con el auricular en la oreja, acompaña a la persona al salón donde pronto llegará el papa.

—Puede esperar aquí, gracias —dice con voz firme y con un marcado acento germánico.

Mientras tanto, el pastor jesuita, en el segundo piso, está cruzando el umbral de ese despacho transformado en biblioteca, inmerso en el perfume de las páginas amarillentas y de la tinta de los volúmenes que acaban de llegar de imprenta. Luego se dirige decidido hacia el estante que alberga numerosas copias del libro que quiere llevar consigo a su cita.

—La persona que estaba esperando ya llegó, Santidad —le informa uno de sus ayudantes.

—Sí, gracias —le responde, mientras guarda el texto en una bolsita que ya contiene otras dos publicaciones, unos rosarios y los bombones brasileños.

Unos segundos más tarde, llega al recibidor por medio del ascensor. El suizo de guardia delante de su departamento pronunció un código por radio para informar a sus compañeros de servicio de la planta baja que el pontífice está en marcha hacia esa área del edificio. Una vez allí, Francisco complace a algún invitado de paso que le pide una selfie. Después de llamar rápidamente a la puerta, entra sonriente en la sala donde lo espera su invitado. Una enorme imagen de María Desatanudos se alza en la pared.

—¿Cómo estás? Si querés, sacate la campera, ¡no seas tan formal, che! —le dice el pontífice saludándolo y haciendo que se sienta cómodo al instante.

Luego le indica que se siente en el sillón. Un breve intercambio de bromas, un momento de oración y una charla que toca varios temas, desde la guerra y el deporte hasta el diálogo interreligioso, pasando por una reflexión sobre cuál puede ser el papel de la Iglesia católica en el futuro cercano y cómo cambiará la sociedad en los próximos años. En ese salón, el poder y la grandeza de esa figura, el líder espiritual del mundo católico, dan paso a la sencillez humana que lo transforma en un cura que escucha a un fiel.

—Santidad, ¿sabe lo que escribió alguien? —dice el invitado después de media hora de conversación—. Que usted está destruyendo la imagen del papado porque ha eliminado la distancia con la gente...

Francisco sonríe, permanece en silencio unos segundos, mira hacia arriba y luego cruza la mirada con la de su interlocutor.

Efectivamente, me quedé un instante en silencio, pensando en que, si hubiera hecho caso a todo lo que han dicho o escrito sobre mí, ¡no me habría quedado tiempo para hacer nada y habría necesitado consultar a un psicólogo una vez por semana! En cualquier caso, había leído esa afirmación en algún lado, «Francisco está destruyendo el papado», ¿y qué puedo decir? Que mi vocación es sacerdotal. Ante todo, soy un cura, soy un pastor, y los pastores tienen que estar en medio de la gente, hablar con ella, dialogar, escuchar, apoyarla y velar por ella.

Hoy día no tiene sentido crear distancia, Jesús no estaba por encima del pueblo: formaba parte del pueblo y caminaba junto a él. Es verdad que el Vaticano es la última monarquía absoluta de Europa, y que es frecuente que acá adentro se hagan razonamientos y maniobras de la corte; pero hay que abandonar y superar estos esquemas. Afortunadamente, la mayoría de los cardenales presentes en las congregaciones generales pidieron una reforma antes del cónclave de 2013. Había un gran deseo de cambiar las cosas, de abandonar determinados comportamientos que, por desgracia, cuesta hacer desaparecer. En realidad, siempre hay quien trata de frenar la reforma, a quien le gustaría quedarse en los tiempos del papa-rey, quien sueña un gatopardismo que, desde luego, no es bueno para la Iglesia. Hablando del cónclave, algunos medios estadounidenses hicieron circular la noticia de que yo pensaba cambiar las reglas, admitiendo a monjas y laicos en la votación para la elección del nuevo papa: todo esto son fantasías, invenciones puestas en marcha evidentemente para crear descontento en la Iglesia y desorientación en los fieles.

Pero yo sigo persiguiendo un sueño para el futuro: que la nuestra sea una Iglesia moderada, humilde y servicial, con los atributos de Dios y, por tanto, también tierna, cercana y compasiva. Debemos avanzar con muchas novedades, con muchos proyectos. Pensemos, por ejemplo, en el Jubileo del 2025, que traerá consigo una gran bocanada de fe, además de una ocasión para encontrar un clima de esperanza.

Debemos mirar siempre con confianza hacia el horizonte, sobre todo hacia esos países y esos continentes donde afloran las vocaciones y donde hay sed del Señor, lugares donde hay sed de cercanía y de escucha, y se busca en la Iglesia un oasis donde saciarse. En este sentido, hay quienes han especulado con un retorno a la Iglesia de los orígenes, la de las primeras comunidades cristianas, aunque esta es solo una imagen romántica. Debemos mirar al futuro simplificando las cosas, tratando de superar el clericalismo, la actitud de superioridad moral y de distancia frente a los fieles, ¡que se ha vuelto una enfermedad, una plaga! La Iglesia está llena de santos, pero en algunos casos se ha convertido en una Iglesia viciosa, precisamente porque el clericalismo es vicioso.

Si pienso en la Iglesia del futuro, me viene a la mente la teoría de Joseph Ratzinger, que hablaba de una Iglesia que avanzará, pero de otra manera: será una institución más pequeña, más singular. Era 1969 y, a lo largo de un ciclo de conferencias radiofónicas, el teólogo bávaro trazó su propia visión del futuro, diciendo que la que se esperaba era una Iglesia que arrancara de una minoría, con pocos fieles, que volviera a poner la fe en el centro de la experiencia; una Iglesia más espiritual, más pobre, que se convirtiera en una casa para los indigentes, para aquellos que no perdieron de vista a Dios. De hecho, en aquellos años de disputa teológica después de la clausura del Concilio Vaticano II, Ratzinger hablaba de un momento crucial para el ser humano, de un momento histórico en comparación con el cual el paso de la Edad Media a los tiempos modernos parecería casi insignificante. Y, en ese contexto, se vislumbraba un intento de transformar a los sacerdotes en una especie de funcionarios, de asistentes sociales, con una relevancia exclusivamente política y no espiritual. También por eso debemos combatir la plaga del clericalismo. Es una perversión que puede destruir la Iglesia porque, en lugar de promover el laicismo, lo destruye al ejercer poder sobre él.

No es casualidad que Don Primo Mazzolari escribiera y advirtiera de esos curas que, en lugar de ofrecer apoyo y calidez a los corazones de sus hermanos, asfixian sus signos vitales. Pero también puede pasar que el virus del clericalismo contagie a los laicos. Esto es terrible, porque son personas que piden ser clericalizadas, permaneciendo al margen de las decisiones por no tener responsabilidad. Es lo opuesto de la sinodalidad, donde el pueblo de Dios contribuye y participa activamente en el camino de la Iglesia.

En este contexto, me imagino una Iglesia madre, que abrace y acoja a todo el mundo, incluso a quien se sienta desconcertado o a quien haya sido juzgado por nosotros en el pasado. Pienso, por ejemplo, en las personas homosexuales y transexuales que buscan al Señor y que, de todos modos, son rechazadas o expulsadas. Muchos han hablado sobre la *Fiducia Supplicans*, la declaración del Dicasterio para la Doctrina de la Fe sobre las bendiciones a las parejas en situaciones irregulares. Solo diré que Dios nos ama a todos, sobre todo, a los pecadores. Si algunos hermanos obispos, según su discernimiento, deciden no seguir este camino, no significa que sea la antesala de un cisma, ya que la doctrina de la Iglesia no se discute. También durante el sínodo sobre la sinodalidad se pidió más atención y acogida para los miembros de esta comunidad y para sus padres. Son todos hijos de Dios y deben ser recibidos con los brazos abiertos. Esto no significa que la Iglesia sea favorable al matrimonio entre personas del mismo sexo. Nosotros no tenemos ningún poder para cambiar los sacramentos que instauró el Señor. El matrimonio es uno de los siete sacramentos y prevé la unión solo entre un hombre y una mujer. No se puede tocar.

Incluso cuando era arzobispo de Buenos Aires sostuve y defendí con fervor el valor del matrimonio y todavía hoy quiero subrayar, como lo hice ya en la exhortación apostólica *Amoris Laetitia*, que, acerca de «los proyectos de equiparación de las uniones entre personas homosexuales con el matrimonio, no existe ningún fundamento para asimilar o establecer analogías, ni siquiera remotas, entre las uniones homosexuales y el designio de Dios sobre el matrimonio y la familia»; y es inaceptable «que las iglesias locales sufran las presiones en esta materia y que los organismos internacionales condicionen la ayuda financiera a los países pobres a la introducción de leyes que instituyan el "matrimonio" entre personas del mismo sexo».

Otra cosa, sin embargo, son las uniones civiles, y en este caso he dicho en más de una ocasión que es justo que estas personas que viven el don del amor puedan tener una cobertura legal como todo el mundo. Jesús frecuentaba y se encontraba a menudo con las personas que vivían en los márgenes, en las periferias existenciales, y eso es lo que la Iglesia debería hacer hoy con las personas de la comunidad LGTBIQ+, que a menudo son discriminadas dentro de la Iglesia. Hacerlas sentir en casa, sobre todo a aquellas que han recibido el bautismo y que, a todos los efectos, forman parte del pueblo de Dios. Y quien no haya sido bautizado y desee serlo, o quien desee ser padrino o madrina, por favor, que se le escuche, haciéndole recorrer un camino de discernimiento personal. Sin embargo, es importante evitar escándalos y confusión entre los fieles: los obispos y los párrocos serán lo suficientemente sensatos para saber considerar cada caso. Debemos acompañar a estas hermanas y hermanos en el camino de la fe, como pidió el sínodo sobre la familia, condenando con fuerza la discriminación y los actos de violencia que padecen estas personas. De hecho, demasiado a menudo han sido víctimas de acoso y de actos de crueldad pura. Y por eso igualmente no se puede ni se debe ponerlas de patitas en la calle, sobre todo la Iglesia que, por desgracia, en muchas ocasiones, las consideró injustamente manzanas podridas.

Creo que hoy en día es fundamental abandonar la rigidez del pasado, alejarse de una Iglesia que señala y condena, como quise escribir en una carta dirigida al Prefecto del Dicasterio para la Doctrina de la Fe el día de su nombramiento. Estos comportamientos han hecho que los fieles se alejen. Por eso es importante custodiar y promover la fe acercándonos al pueblo, dejando en el armario encajes, puntillas y oropeles, y concentrándonos en cambio en el mensaje cristiano de misericordia y cercanía.

Han pasado unas semanas desde aquel encuentro, la vida en la residencia Santa Marta continúa como todos los días, siguiendo los ritmos frenéticos de un lugar de acogida que aloja también a un in-

vitado especial. Es martes a la mañana, el día de la semana en que, generalmente, el papa no tiene compromisos públicos ni audiencias privadas en el Palacio Apostólico. Se puso a trabajar desde temprano y encendió el estéreo para escuchar de fondo una recopilación de los éxitos de Azucena Maizani, la cantante y compositora de tango argentina a quien en 1970, en Buenos Aires, el entonces padre Bergoglio, su vecino, le dio la extremaunción antes de morir. El pontífice está en su escritorio, leyendo algunos documentos que su secretario le entregó la tarde anterior. Toma apuntes, marca algunas correcciones y anota pasajes que serán incorporados. El reloj marca las ocho de la mañana y para las ocho y media espera la visita de un amigo arzobispo con el que tendrá que trabajar en otros textos de naturaleza teológica. Después llegará también su confesor y otras personas a las que les dio cita, apuntando todo en la agenda personal que tiene en su escritorio. Todavía le queda media hora para releer esas páginas en las que está trabajando y hacer alguna llamada.

En el escritorio tiene también su inseparable breviario, otros fascículos y algo de correspondencia. Está la carta que llegó de San Donato Milanese, cerca de Milán, de parte de Anna; desde que la dejó su marido, se ocupa sola de su hijo Nicolás, que tiene autismo. Nicolás sueña con hablar con el papa. Está la de un chico de Brooklyn, afectado por una grave enfermedad, que le pide al papa que rece alguna oracioncita por él, y la de un seminarista alemán, Ludwig, que le escribe para pedirle apoyo espiritual, a pocas semanas de que lo ordenen sacerdote.

Francisco lee con atención la carta del futuro joven cura, y con la mente vuelve a 1969 cuando, próximo también él a su ordenación, escribió en una hoja aquella personal profesión de fe que tan a menudo saca del cajón para recuperar ese espíritu y renovar su promesa.

Quiero creer en Dios Padre, que me quiere como a un hijo, y en Jesús, el Señor, que infundió su espíritu en mi vida para hacerme sonreír y de este modo llevarme al reino de la vida eterna. Creo en mi historia, que fue atravesada por la mirada de amor de Dios y que, el día de la primavera, un 21 de septiembre, me llevó a su encuentro para invitarme a seguirlo. Creo en mi dolor, infecundo por el egoísmo, en el cual me refugio. Creo en la mezquindad de mi alma, que intenta tragar sin dar... sin dar. Creo que los demás son buenos, y que debo amarlos sin temor, y sin traicionarlos nunca para buscar la seguridad para mí. Creo en la vida religiosa. Creo querer amar mucho. Creo en la muerte cotidiana, abrasadora, de la que huyo, pero que me sonríe invitándome a aceptarla. Creo en la paciencia de Dios, acogedora, buena como una noche de verano. Creo que papá está en el cielo junto al Señor. Creo que también padre Duarte está ahí intercediendo por mi sacerdocio. Creo en María, mi madre, que me ama y nunca me va a dejar solo. Y espero la sorpresa de cada día en que se manifestará el amor, la fuerza, la traición y el pecado, que me acompañarán hasta el encuentro definitivo con ese rostro maravilloso que no sé cómo es, del que huyo continuamente, pero que quiero conocer y amar. Amén.

Después de guardar esa página ya amarilleada por el tiempo, levanta el auricular del teléfono y marca el número de Anna, la madre milanesa que le escribió. Quiere saludar a Nicolás y darle una sorpresa. Luego llama también a la persona a la que vio unas semanas antes y que le pregutó cómo se imaginaba la Iglesia del futuro. Le mandó por correo electrónico una decena de páginas para releer. Es el informe de la última audiencia, que, con el permiso del papa, se hará pública como las demás.

«Santidad, ¿hay esperanza para la humanidad?», pregunta el interlocutor después de una breve conversación, antes de terminar la llamada telefónica.

Y el papa responde, mientras de fondo la melosa voz de la tanguera argentina rellena las pequeñas pausas de silencio.

Esa pregunta me hizo pensar en la situación que estamos viviendo en esta época, y entendí que en el mundo habrá paz o habrá muerte, no hay otra salida. Europa lleva en guerra más de cien años, desde 1914, y las fábricas siguen produciendo armas sin parar, incluso ahora que el mundo está conmocionado por una tercera guerra mundial «por partes».

No he hablado hasta ahora en profundidad del conflicto en Ucrania o en Medio Oriente porque, en el momento en el que escribo, hay muchas iniciativas en curso y las cosas están en proceso, pero cada día mis pensamientos se dirigieron y se dirigen a esos pueblos martirizados, por los cuales, con el corazón roto frente a la atrocidad, le rogué al Señor el don de la paz. He escrito y dicho mucho sobre esas guerras y ya no me quedan siquiera lágrimas. He visto imágenes, he oído historias, he conocido testigos de esa tragedia. Lloré por esas nenas y esos nenes arrancados de sus familias por las bombas o que quedaron huérfanos, los huérfanos de la guerra. Cuánto dolor, cuánto sufrimiento. ¿Y para qué? Todo por intereses imperiales y por un cinismo asesino. ¡Es escandaloso!

Sobre el conflicto de Ucrania, me puse de inmediato a disposición y desde el inicio de la guerra repetí que estaba dispuesto a lo que fuera con tal de que pudieran deponerse las armas. Y sobre el de Oriente Medio, lo mismo: hablé por teléfono con varios líderes internacionales, que con sus actuaciones pueden hacer algo diferente, y les recordé a todos lo importante que es la vida humana, ya sea la de cristianos, musulmanes o judíos. Sin distinción. ¿Qué culpa tiene la población? ¿Por qué debe pagar un precio tan alto, hallando incluso la muerte? La Santa Sede ha puesto en marcha toda una serie de iniciativas diplomáticas y humanitarias que, esperamos, surtan los efectos deseados. Pero debemos esforzarnos todos, en el mundo, para que prevalezca siempre el diálogo, para que los responsables entiendan que las bombas no resuelven los problemas, sino que crean otros nuevos. Desde el principio, sentimos cercana esta guerra de Ucrania porque estalló en Europa, pero no debemos olvidar que el mundo entero está azotado por conflictos: Yemen, Siria, la República Democrática del Congo, Sudán del Sur, Etiopía o Myanmar, por citar algunos ejemplos.

En muchos rincones del planeta se pasa hambre, pero, paradójicamente, en lugar de pensar en resolver este problema, se sigue comprando nuevo armamento, se siguen desarrollando nuevas tecnologías para continuar la guerra. Hay países que invierten precisamente en este sector y que basan su economía en el comercio mortífero de las armas. Nosotros, como Vaticano, obviamente no lo hacemos, pero al estar también la Santa Sede involucrada históricamente en inversiones financieras, sabemos que las acciones que más beneficio generan son las que tienen que ver con las fábricas de armas y los fármacos abortivos. ¡Es escandaloso!

El futuro de la humanidad que Dios ha creado depende de lo que decidamos. Que los seres humanos vuelvan a abrazarse, vuelvan a hablar de paz, a sentarse a la mesa del diálogo, o estaremos realmente perdidos. Yo tengo esperanza en el ser humano, en que los hombres y las mujeres puedan aprender de sus errores para mejorar y transmitir buenos sentimientos a las generaciones futuras.

Este trabajo de autocrítica tiene que hacerlo también la Iglesia, de modo que podamos adoptar medidas que no perjudiquen a los más débiles y vulnerables. Me viene a la mente la cuestión de los abusos. ¿Cuántas personas han sufrido, llegando incluso a suicidarse, por culpa de algún religioso o cura que abusó de ellas cuando eran chicas? Hay que pensar en las víctimas, escucharlas y acompañarlas, recordando que les clavó un puñal por la espalda quien debería haberlas protegido y guiado a lo largo del camino marcado por Dios. Una vez más quiero pedir perdón por los pecados y por los graves crímenes que cometió la Iglesia contra estos hijos e hijas, y le pido al Señor que sea misericordioso, porque todo lo ocurrido a estas criaturas inocentes es realmente satánico y no se puede justificar de ninguna manera.

Pienso en los casos descubiertos en los Estados Unidos, en Sudamérica, en Europa del Este, en Irlanda e incluso en Malta, en España y en Alemania, así como en Italia. La Iglesia debe luchar con todas sus fuerzas contra esta plaga y confío en que la Comisión Pontificia para la Protección de los Menores que hemos instituido en el Vaticano, así como las oficinas creadas en varias diócesis del mundo por las conferencias episcopales, puedan contribuir a combatir estos crímenes, recogiendo informes y denunciando a los abusadores, laicos o religiosos, así como a quien los encubre. Hoy, a diferencia de lo que ocurría en el pasado, cuando carecíamos de una ley específica, ya no existen privilegios. Frente a los casos de abuso, a quien un tribunal considere culpable deberá cumplir con su condena, sin protección alguna. ¡Basta de horrores en la Iglesia! ¡Digamos basta a estas abominaciones que mancillan el nombre de Jesucristo!

Antes hablaba del futuro de la humanidad y de cómo esto concierne a la Iglesia. Pero hay quienes en los últimos años, sobre todo después del gesto histórico de Benedicto XVI, se preguntaron, cuál será el futuro del papa. Hasta el día de hoy, gracias a Dios, nunca he tenido motivos para pensar en dimitir, porque esa es una opción que, desde mi punto de vista, se puede tomar en consideración solo si se presentan graves problemas de salud. Soy sincero: nunca lo pensé porque, como ya dije hace unos años a unos cofrades jesuitas africanos, creo que el ministerio petrino es *ad vitam* y, por tanto, no veo razones para una renuncia.

Las cosas cambiarían si de repente sufriera un grave impedimento físico; en ese caso ya firmé al inicio de mi pontificado, como hicieron también otros pontífices, la carta de renuncia que ha sido depositada en la Secretaría de Estado. Si esto llegara a pasar, no me haría llamar papa emérito, sino simplemente obispo emérito de Roma, y me trasladaría a Santa María la Mayor para volver a trabajar de confesor y dar la comunión a los enfermos.

Pero esta, repito, es una hipótesis lejana, porque en verdad no tengo motivos tan serios para hacerme pensar en una renuncia. Hay quienes, durante estos años, han esperado que antes o después, quizá después de una internación, anunciara algo parecido, pero no hay peligro. Gracias al Señor gozo de buena salud y, como ya dije, siempre que Dios quiera, quedan muchos proyectos aún por realizar.

Mientras tanto, llegó la despedida, el final de este libro, un viaje a través de la historia titulado *Vida*. Nuestra vida: la mía, la tuya, que estás leyendo, la de la humanidad. La vida que Dios nos dio y que nosotros construimos pasito a pasito, tomando decisiones, alcanzando metas y cometiendo errores, a menudo incluso graves, que nos ocasionaron dolor y sufrimiento. Pero en este contexto no hay que olvidar la lección más importante: releer la historia de nuestra vida es importante para hacer memoria y poder transmitir algo a quien nos escuche.

Pero, para aprender a vivir, todos tenemos que aprender a amar. ¡No lo olvidemos! Es la enseñanza más importante que podemos recibir. Amar, porque el amor siempre gana. Amando podemos derribar las barreras, superar los conflictos, vencer las diferencias y el odio, derretir y transformar nuestro corazón, comprometiéndonos con el prójimo, como lo hizo Jesús, que se sacrificó en la cruz por nosotros pecadores sin pedir nada a cambio. Un amor desinteresado que puede cambiar el mundo, que puede cambiar el curso de la historia. ¡Cuántas cosas en estos ochenta años de historia habrían sido diferentes si lo que moviera al ser humano fuera el amor y la oración, y no la sed de poder! A propósito de la oración, recuerden que el mundo cada vez está más necesitado: ¡recemos más!

Y les ruego que, en sus oraciones, no se olviden de rezar por mí. ¡No en contra!

REFERENCIAS BIBLIOGRÁFICAS

INTRODUCCIÓN
Papa Francisco, *Mensaje para la 54 Jornada Mundial de las Comunicaciones Sociales*, 24 de enero de 2020; Copyright © Dicastero per la Comunicazione—Libreria Editrice Vaticana.

Papa Francisco, *Audiencia General*, 19 de octubre de 2022; Copyright © Dicastero per la Comunicazione—Libreria Editrice Vaticana.

CAPÍTULO II: El Holocausto
Papa Francisco, *Discurso con ocasión de la visita al memorial de Yad Vashem, Jerusalén*, 26 de mayo de 2014; Copyright © Dicastero per la Comunicazione—Libreria Editrice Vaticana.

CAPÍTULO III: Las bombas atómicas y el final de la guerra
Pío XII, *Radiomessaggio rivolto ai governanti ed ai popoli nell'imminente pericolo della guerra*, 24 de agosto de 1939; Copyright © Dicastero per la Comunicazione—Libreria Editrice Vaticana.

CAPÍTULO IV: La Guerra Fría y el macartismo
Juan XXIII, Carta encíclica *Pacem in Terris*, n.º 60, 11 de abril de 1963; Copyright © Dicastero per la Comunicazione—Libreria Editrice Vaticana.

CAPÍTULO V: La llegada a la Luna
Pablo VI, *Messaggio ai cosmonauti Neil Armstrong, Edwin Aldrin e Michael Collins in occasione dell'impresa lunare*, 21 de julio de 1969; Copyright © Dicastero per la Comunicazione—Libreria Editrice Vaticana.

CAPÍTULO VIII: La caída del Muro de Berlín
Lettera di Giovanni Paolo II alla Conferenza Episcopale di Berlino del 13 novembre 1989; © Copyright 1989 - Libreria Editrice Vaticana; Copyright © Dicastero per la Comunicazione—Libreria Editrice Vaticana.

CAPÍTULO X: Los ataques terroristas del 11 de septiembre
Juan Pablo II, *Audiencia General, Miércoles 12 de septiembre de 2001—Oración a los fieles*; Copyright © Dicastero per la Comunicazione—Libreria Editrice Vaticana.

Papa Francisco—Jorge Mario Bergoglio, *In lui solo la speranza*, traduzione di Antonio Tombolini, con la collaborazione di Giampaolo Cottini, © 2013 Editoriale Jaca Book SpA, Milano; Libreria Editrice Vaticana, Città del Vaticano per l'edizione italiana, Milano 2013.

Papa Francisco, *Documento sobre la fraternidad humana por la paz mundial y la convivencia común*, 4 de febrero de 2019; Copy-

CAPÍTULO XIV: Una historia por escribir

Papa Francisco, Exhortación apostólica postsinodal *Amoris Laetitia*, n.º 251, 19 de marzo de 2016, Copyright © Dicastero per la Comunicazione—Libreria Editrice Vaticana.

ACERCA DE LOS AUTORES

JORGE MARIO BERGOGLIO nació en Buenos Aires, Argentina, hijo de inmigrantes italianos, el 17 de diciembre de 1936. En 1969, fue ordenado sacerdote en la Compañía de Jesús. Fue nombrado obispo auxiliar en 1992, en 1998 se convirtió en arzobispo de Buenos Aires y fue nombrado cardenal en 2001. En marzo de 2013 fue elegido el bicentésimo sexagésimo sexto pontífice de la Iglesia católica, con el nombre de Francisco.

FABIO MARCHESE RAGONA es vaticanista del grupo televisivo Mediaset. Sigue al papa para los telediarios Tg5, Tg4, Studio Aperto y Tgcom24, canal de noticias en el que presenta y se ocupa cada domingo de la sección *Stanze Vaticane*. En enero de 2021, realizó una entrevista en exclusiva al papa Francisco, retransmitida por Speciale TG5 y seguida por cinco millones y medio de telespectadores.